AF276853

Explorando la complejidad

Cómo gestionar con acierto entornos inciertos

NÚRIA CORREIG

KOLIMA BOOKS

Título original: *Explorando la complejidad.*
Cómo gestionar con acierto entornos inciertos

Primera edición: abril 2026
© 2026 Editorial Kolima, Madrid
www.editorialkolima.com

Autora: Núria Correig
Dirección editorial: Marta Prieto Asirón
Maquetación de cubierta: David Visea
Maquetación: Carolina Hernández Alarcón

ISBN: 979-13-88155-10-9
Depósito legal: M-8610-2026
Impreso en España

Este libro está dedicado a Alberto Gimeno, , el mejor profesor que tuve en el MBA en Esade. A través de su asignatura de Empresa Familiar me adentré en el mundo de la complejidad y me permitió construir mi carrera profesional y conseguir mucho. En este libro se reflejan la gran mayoría de los aprendizajes que me dio y que ha acabado de rematar en el Programa de Consejos de Administración de Empresas Familiares también en Esade.

A Elena Puig Guitart, quien me ha guiado de una manera maravillosa y muy cariñosa a construir mi camino. Una de sus mayores enseñanzas es hacerme entender que las personas son como prismas y que en función de cómo les de la luz, ésta se refleja de una manera u otra.

A Carlos Losada que en una conversación me dio, sin él saberlo, el empujón final para acabar de embarcarme en este precioso reto de escribir este libro.

A mi padre, que me dejó el mayor y mejor de los legados que me podía dejar, la pasión por el aprendizaje.

A mi madre, que me enseñó a no conformarme con lo que me venía dado.

A mi familia, toda ella, sin ella, no estaría recorriendo el camino que he escogido recorrer.

Índice

Prólogo

Conocí a Núria Correig mucho antes de que este libro tomara forma y desde el primer momento tuve la sensación de estar ante una profesional que no solo piensa con profundidad, sino que actúa con una coherencia poco habitual. Núria tiene una manera singular de mirar el mundo: combina la precisión analítica con una sensibilidad extraordinaria para leer contextos, personas y dinámicas. Esa mezcla tan suya es la que convierte su trabajo en una brújula fiable en tiempos donde la complejidad ya no es una excepción, sino el terreno natural en el que nos movemos.

Fue más adelante cuando la entrevisté en el programa Lideratges de Onda Cero Catalunya. Aquella conversación confirmó lo que ya intuía: su capacidad para explicar lo complejo de forma clara no era solo una habilidad profesional, sino una vocación. Núria no simplifica la realidad; la ilumina. Y lo hace con una naturalidad que conecta de inmediato con quienes la escuchan.

Tiempo después, puse en marcha el proyecto Lidera Tu Trayectoria Profesional, y esta vez fue ella quien me entrevistó. Ese cambio de rol, de entrevistadora a entrevistada, me situó en otra perspectiva. Descubrí una faceta aún más profunda de su manera de acompañar: su escucha fina, su capacidad de formular preguntas que abren caminos y su habilidad para situar a cada persona frente a su propia responsabilidad y potencial.

A partir de ese momento, cada conversación con ella abría una puerta nueva: a la reflexión, la acción, la responsabilidad personal. Y, sobre todo, a la posibilidad de que cada uno de nosotros pueda liderar mejor, primero su propia trayectoria, después a los demás, si entiende cómo funcionan los sistemas, las personas y los dilemas que nos acompañan.

Leer este libro te conecta inevitablemente con situaciones vividas, decisiones tomadas y momentos en los que la complejidad se hizo presente sin avisar. Te invita a revisarlos con otra mirada, entenderlos mejor y descubrir aprendizajes que quizá estaban ahí pero aún no tenían nombre.

Núria escribe como piensa y como trabaja: con claridad estratégica, con respeto por la realidad tal como es y con una enorme capacidad para integrar matices. En sus páginas nos recuerda que «la complejidad no se gestiona de manera lineal», y que en entornos inciertos la clave no es tener todas las respuestas, sino saber avanzar paso a paso, con criterio y consciencia.

A través de Eina B2B, su propia empresa, Núria ha acompañado a empresarios, directivos y equipos en procesos donde la incertidumbre, los dilemas y la interdependencia son constantes. Su trabajo no consiste en ofrecer recetas, sino en ayudar a mirar mejor, entender mejor y, sobre todo, a decidir mejor. Esa es su verdadera aportación: dotar de claridad a quienes deben actuar en escenarios donde nada es evidente.

Por todo ello, este libro no es solo una lectura: es una herramienta de consulta, un recurso al que volver cuando la complejidad aprieta, cuando las decisiones pesan o el contexto se vuelve incierto. Tener a Núria «a tu alcance» es contar con una pieza clave para gestionar situaciones complejas con más lucidez, serenidad y propósito, y descubrir quizá que a veces lo que más necesitamos es precisamente una mirada experta como la suya acompañándonos en el camino.

ARIADNA BELVER
Onda Cero Catalunya · *Lideratges*

Introducción

El propósito de este libro es que tengas éxito en tu carrera profesional. La que tú decidas. Para ello será necesario que sepas gestionar la complejidad y que esta capacidad se convierta en una de tus ventajas competitivas, y no en un freno.

Como nos explica Edgar Morin en el prólogo de su libro *Introducción al pensamiento complejo* –y cito textualmente–: «La complejidad es una palabra-problema, no una palabra-solución. La complejidad está asociada a confusión, incertidumbre y desorden, y no puede reducirse a una idea simple. La complejidad aparece donde el pensamiento simplificador falla, pero integra todo aquello que pone orden, claridad, distinción y precisión en el conocimiento». Y acto seguido recuerdo a Steve Jobs, quien en su famoso discurso de la ceremonia de graduación de la Universidad de Stanford de 2005 nos reveló que todo encaja cuando miramos para atrás y unimos puntos.

No hay duda de que el mundo ha acelerado su ritmo, y esto conlleva un aumento de la complejidad. La evolución y transformación de las situaciones es más rápida, y aunque estemos en la era de la información, la incertidumbre ha dejado de ser una variable para convertirse en una constante.

Cada vez es más difícil predecir lo que puede pasar a escala técnica, de contexto, relacional y desempeño.

Evidencia de ello es que ya no se hacen planes a 3, 5 años, y mucho menos a 10, y tampoco se habla ni se proponen planes de carrera profesional.

La complejidad no se gestiona de manera lineal, las metodologías no se puedan aplicar siguiendo pasos preestablecidos y las soluciones no son evidentes. Lo que sirve en una situación no tiene por qué servir en otra, por lo que la respuesta más frecuente a la mayoría de las preguntas, dudas y reflexiones que nos hacemos ante una situación compleja es «depende».

En este libro lo que se quiere es que aceptemos estos «dependes» que nos dejan muchos interrogantes y no nos permiten valorar bien los riesgos que podemos asumir, y por lo tanto sus consecuencias, y sobre todo que los gestionemos. Estos «dependes» no nos pueden parar.

Uso mucho el verbo «gestionar», porque gestionar implica analizar, planificar, organizar, ejecutar, comunicar, evaluar y ajustar. Es decir, actuar de manera proactiva.

Solo actuando desde el rol de protagonistas podremos convertir la complejidad en una de nuestras ventajas competitivas.

Este libro quiere que los «dependes» no pesen tanto como para que no actuemos o nos echemos para atrás. La intención es que consigas tus objetivos y te sientas muy orgulloso de cómo los has conseguido.

A lo largo del texto se compartirán herramientas y casos reales en cuya gestión he participado. También se presentan preguntas y reflexiones para que puedas integrar el contenido del libro y lo puedas aplicar cuando lo necesites y no quede solo en teoría.

Por qué los alpinistas y los exploradores son una fuente de inspiración para mí

Los alpinistas y los exploradores siempre me han atraído e inspirado. No sabría decir muy bien cómo empezó esta atracción, pero siempre ha estado ahí y la sigo teniendo.

De los alpinistas y los exploradores me atraen, no solo sus grandes hazañas deportivas, sino sobre todo su coraje (a veces de una insensatez deliciosa), su afán de ir más allá y cómo «se lo montan» para conseguir lo que se han propuesto. Qué significa para ellos el éxito y el fracaso, que no son conceptos tan obvios.

Un gran ejemplo de ello son los alpinistas polacos de la época del Telón de Acero, que tan bien explica Bernadette McDonald en su libro *Escaladores de la libertad*. Su contexto no era fácil y supieron darle la vuelta de manera magistral.

Yo en la escuela suspendía la asignatura de gimnasia, no conseguí nunca a hacer la voltereta en el plinto y cuando tocaba correr llegaba de las últimas después de mi hígado. Pero esto no me ha impedido disfrutar de la esgrima, embutirme unas botas de *trekking*, ponerme los esquís, ya sean de esquí alpino o montaña, cruzar el arco de llegada de alguna que otra carrera de montaña entrando en tiempo (aunque ya estuvieran empezando a desmontar el sarao), o calzarme unos pies de gato para disfrutar como una enana de la escalada en bloque. Los resultados en sí nunca han sido extraordinarios, sino más bien del montón para abajo, pero me han permitido poner un *check* en la lista de cosas que quería hacer, y esto para mí sí es importante.

Para poder hacer todo esto he tenido que superar creencias limitantes propias, miradas de sorpresa («pero esta, en qué berenjenal se está metiendo») o incredulidad («pero esta, no ve que no lo va a conseguir...»), algún gesto de desdén y algún que otro comentario que no ha sido pedido en ningún momento y que se hubieran podido ahorrar porque no fue escuchado. Pero también he tenido a mi lado a personas que me han tomado en serio, me han dado soporte, animado, ayudado y aconsejado a que siguiera mis anhelos y mis sueños, y sobre todo a que los hiciera realidad. En este apartado hay dos personas que se llevan la palma. Una es Javier Campos, alpinista y explorador, que con su Ruta al Alto Himalaya en invierno me hizo soñar lo indecible y que luego, para mi asombro, me invitó a que me uniera a subir el Tupqal[1]. La oportunidad no la dejé escapar. Y la otra es Rut Casas, mi entrenadora de escalada, cuyo compromiso, que me demuestra en cada entreno, es tal que me siento muy pero que muy afortunada. Rut no solo me está enseñando técnica de escalada, sino cómo enfocar bien un proyecto e ir minimizando y hasta eliminando aquello que lo bloquea. Comparto estos aprendizajes en este libro.

Los alpinistas y los exploradores, en todos sus retos, se encuentran cara a cara con la complejidad, desafíos que requieren de gran exigencia y en un contexto caracterizado por:

- Un entorno remoto, a donde no se llega fácilmente.
- Poca información de la orografía del terreno, la meteorología, la fauna y la flora, y el acceso a agua potable.
- Tecnología que habitualmente utilizamos puesta en entredicho.
- Una elevada la altitud (> 2.000/3.000 m) propia de la alta montaña.
- Temperaturas extremas (calor y frío).

---

1 El monte Tubqal, o Toubkal en francés, es el pico más alto de Marruecos y de toda África del Norte. Está situado en el Atlas, dentro del Parque Nacional del Toubkal y alcanza los 4.167 m. Fuente: Wikipedia.

- Necesidad de disponer de suficientes conocimientos técnicos para practicar actividades (alpinismo, escalada, orientación, o una mezcla de ellas) en ese entorno.

....

Es un entorno donde la información es limitada y se tienen más incógnitas que certezas.

....

Para poder conseguir sus objetivos, los alpinistas y los exploradores tienen que:

- Saber confiar en sí mismos.
- Centrarse en un objetivo muy concreto.
- Calcular el alcance de cada paso que se va a dar.
- Gestionar la incertidumbre, la ambigüedad y los dilemas.
- Gestionar factores que están fuera de su control.
- Definir qué peligros puede haber, cuáles minimizar y cuáles asumir.
- Vencer sus miedos.

Y todo esto es plenamente transferible al mundo del *management*. Los alpinistas y los exploradores son grandes gestores de proyectos y nos pueden enseñar muchísimo. En el tipo de proyectos en los que se embarcan no solo son clave la técnica y el esfuerzo físico.

Una de las cosas que más me admiran de ellos es que son capaces de retirarse, darse la vuelta y no hacer cima sin que ello implique que hayan renunciado al objetivo. Saben cuándo y cómo actuar, y cuándo y cómo esperar.

I. Marco de la complejidad

LA COMPLEJIDAD EN TODO SU ESPLENDOR

«Hay más cosas en el mundo que en toda nuestra filosofía».

WILLIAM SHAKESPEARE

Como empresarios y directivos nos encontramos, querámoslo o no, con que tenemos que gestionar en un entorno altamente cambiante, cada vez más interrelacionado e interdependiente, caracterizado por mercados que evolucionan muy rápido, tensiones geopolíticas y ciclos cada vez más cortos. La aceleración tecnológica transforma sectores completos y rompe paradigmas establecidos. Al mismo tiempo, integrar la sostenibilidad en los negocios –ya sea por presión regulatoria o demanda social o reputacional– se ha vuelto algo innegociable. A esto se suma un cambio profundo en las expectativas de empleados y clientes, que reclaman mayor transparencia, personalización, propósito y flexibilidad.

Nos enfrentamos al reto de tomar decisiones y actuar en entornos de alta incertidumbre, liderar equipos en medio de cambios constantes y gestionar tensiones entre el corto y el largo plazo.

A la hora de tomar y ejecutar decisiones, ya sea de gobernanza o ejecutivas, nos encontramos con que es difícil, o muy difícil, poder predecir qué pasará en el entorno en que operamos. Nos enfrentamos a múltiples interrogantes relacionados con poder anticipar la demanda de los clientes, el desempeño corporativo, la dinámica de los competidores, si van a aparecer productos o servicios sustitutivos, así como las expectativas del mercado.

Y no solo se trata de predecirlos, sino también de saber cómo evolucionan y ser conscientes de la capacidad que tenemos de influir en todos ellos. Y a la ecuación debemos añadirle cómo debemos preparar a la organización para que tenga la mejor estructura y operativa de cara a conseguir los objetivos propuestos y que sea sostenible a corto y largo plazo, tanto económica como operativamente. Es decir, que sea capaz de crear valor y desarrollarlo de manera sostenida.

> **En resumidas cuentas, para obtener resultados importantes para la organización, y maximizar el impacto positivo de tu liderazgo, es fundamental saber gestionar bien la complejidad.**

La definición de estrategia, y sobre todo su implementación, ya no solo consiste en definir qué acciones haremos, cuándo, cómo y con quién, para conseguir los objetivos propuestos, sino que también tenemos que saber:

- Gestionar la falta de información, la ambigüedad y los dilemas.
- Valorar el impacto de las acciones que vamos a hacer.

- Valorar diferentes escenarios en función de cómo vayamos avanzando.
- Gestionar los cambios, los buscados y los que vienen.
- Gestionar factores que escapan a nuestro control y pueden poner en peligro la consecución de los objetivos marcados.

....

Saber reconocer y manejarse bien en la complejidad es una de nuestras mayores ventajas competitivas del entorno actual.

....

Pongamos foco en las situaciones complejas

Una situación compleja es aquella en la que intervienen múltiples factores interconectados, lo que dificulta el poder prever con certeza sus efectos y consecuencias. Las variables interactúan de forma dinámica y muchas veces impredecible. Desgranemos sus características:

- Múltiples actores e intereses. Hay varios grupos o individuos involucrados, cada uno con sus objetivos, necesidades y prioridades, siempre diferentes y muchos en conflicto.
- Interdependencia. Los elementos del sistema están conectados, por lo que un cambio en una parte afecta a otras, a veces de maneras no evidentes, de inmediato.
- Incertidumbre, ambigüedad y dilemas. No hay una única respuesta correcta ni un camino claro a seguir. La información puede ser incompleta, contradictoria y cambiante.

- Evolución constante. La situación se transforma con el tiempo, en ocasiones de forma inesperada, requiriendo de ajustes y decisiones ágiles.
- Dificultad en la predicción. No basta con aplicar fórmulas o soluciones estándares porque los resultados pueden variar enormemente según el contexto y la interacción de los factores en juego.
- Alta carga emocional o política. Muchas veces hay tensiones, resistencia al cambio o luchas de poder que complican la toma de decisiones y la implementación de soluciones.
- Necesidad de múltiples enfoques. Para abordar la complejidad con éxito se requiere integrar distintas perspectivas, conocimientos y metodologías.

La dificultad de la gestión de las situaciones complejas estriba en que debe afrontar múltiples elementos entramados, la solidaridad de los fenómenos entre sí, la bruma, la incertidumbre y la contradicción.

Entender la complejidad es aceptarla tal cual es, con sus múltiples dimensiones, interacciones no siempre evidentes, evoluciones no siempre fáciles de prever, contradicciones y sorpresas, porque la complejidad tiene la gran habilidad de salirse por la tangente más de lo que nos gustaría.

Aspectos que quiero resaltar de las situaciones complejas:

1. La complejidad es multidimensional

En las situaciones complejas con las que nos encontramos a nivel profesional hallamos como mínimo las siguientes tres meta-dimensiones según el enfoque:

Enfoque de organización:
- Administrativa.
- Operativa o de ejecución.
- Gobernanza.

Enfoque de proyecto:
- Técnica y tecnológica.
- Contexto (en el que operamos y el propio de la organización).
- Relacional (capacidad de influencia, capital relacional y mapa de poder).

No podemos obviar ninguna de ellas y debemos abordar la resolución de las situaciones complejas teniendo en cuenta las seis meta-dimensiones y cómo interactúan entre ellas.

Por esta razón no existen metodologías universales, ni soluciones evidentes para la resolución de las situaciones complejas, y también por ello «depende» es la respuesta habitual.

2. Clasificar

En una situación compleja nos podemos encontrar con que en un momento dado (recordemos que es dinámica y evoluciona con el tiempo) predomina el desorden, otras en las que domina la contradicción y aquellas en las que se combinan ambos. El desorden y la contradicción no son excluyentes, y por lo tanto no podemos categorizar ni clasificar las situaciones complejas en base a ello.

Y este es uno de los puntos clave de las situaciones complejas, que no se pueden categorizar o clasificar, y esto, teniendo en cuenta que provenimos de un legado donde el pensamiento científico tiene gran peso, nos rompe los esquemas.

3. Divide y no vencerás

Una de las preguntas que me hacen a menudo es: ¿dividirías el problema en partes pequeñas? Mi respuesta es siempre que no; de hecho lo desaconsejo.

Hay un proverbio sufí que lo explica muy bien: «Crees que como entiendes el 'uno', entenderás el 'dos', porque uno y uno suman dos. Pero olvidas que también debes entender el 'y'».

La complejidad presenta la paradoja de lo único y lo múltiple. Es decir, no solo debemos fijarnos en los jugadores, sino que también hay que observar las reglas de juego y cómo todo ello evoluciona (jugadores y reglas del juego).

Hay características de las situaciones complejas que solo salen a la luz a partir de la interacción de las variables que intervienen en ellas. Una cosa son los miembros de un equipo y otra el resultado de su dinámica.

4. En las organizaciones todo sucede al mismo tiempo

Una vez tenemos consciencia de que existe una relación entre la estructura y el comportamiento podemos empezar a comprender cómo funcionan los sistemas. De aquí el que se dedique esfuerzo y energía tanto a los organigramas (jerárquicos y funcionales) como a los procesos.

Las organizaciones son en gran medida responsables de su propio comportamiento. Los acontecimientos exteriores incidirán en este, pero rara vez las consecuencias serán las mismas para dos organizaciones diferentes

Las situaciones no serían tan complejas si se hiciera una cosa a la vez. La optimización de los recursos disponibles implica que se está actuando en diferentes áreas y direcciones al mismo tiempo, así como en diferentes formatos: en equipo, en grupo o individualmente. Conseguir que la rueda de una organización gire fina y sin rozaduras no es tarea fácil.

5. La razón es una herramienta

A la hora de poner orden, estructurar y entender nos han enseñado a utilizar la razón, y realmente es una gran aliada si la usamos bien. Edgar Morin nos lo explica a la perfección: «La razón corresponde a nuestra voluntad de tener una visión coherente, lógica, de lo que ocurre, de la realidad que vivimos».

Y aquí es cuando debemos decidir si actuamos desde la racionalidad o la racionalización.

La racionalidad nos ayuda a enfocar, ordenar y entender lo que vemos, siendo conscientes de que hay partes de que no se pueden explicar del todo y algunas que se nos escapan completamente.

La racionalización fuerza a que todo quede encajado en un sistema coherente y lógico, y todo aquello que contradice ese sistema sea descartado.

6. Actuar

Cuando actuamos es que hemos tomado una decisión previa. Hemos hecho una elección más o menos razonada, más o menos intuitiva y sentida, en base a la información que tenemos (datos), el conocimiento adquirido (datos estructurados) y la sabiduría cultivada (conocimiento reflexionado).

En situaciones complejas actuar no siempre es fácil: tenemos que lidiar con la falta de información, la ambigüedad y los dilemas. He visto a más profesionales bloqueados por los dilemas que por la incertidumbre.

Desde mi punto de vista, la clave en la gestión de las situaciones complejas está en:

- Entender bien el contexto.
- El *mindset* con el que encaras la situación.
- Mantener la claridad estratégica.
- La seguridad en la toma de decisiones.

Exigente vs. complejo

Antes de continuar es importante parar un momento y establecer la distinción entre una situación compleja y una exigente, porque no son lo mismo y no tienen por qué darse en el mismo momento.

La complejidad implica dificultad por la cantidad de factores involucrados y la interrelación entre los mismos. La exigencia se refiere a la dificultad por el esfuerzo o los recursos necesarios para lograr algo.

La diferencia entre «situación compleja» y «situación exigente» está en el enfoque y las características de los desafíos que representa cada una:

	SITUACIÓN COMPLEJA	SITUACIÓN EXIGENTE
Enfoque	El reto principal es comprender y manejar el problema. Este requiere de un análisis profundo, flexibilidad y soluciones que aborden diversos factores simultáneamente.	El reto principal es el esfuerzo que demanda alcanzar el objetivo, superar obstáculos y mantener alto el rendimiento, incluso bajo presión.

Características	Implica muchas variables interrelacionadas, interdependencias o factores difíciles de gestionar. Es difícil de entender o resolver debido a su naturaleza confusa, enredada y complicada. Hay incertidumbre, múltiples capas o perspectivas a considerar.	Requiere un alto nivel de esfuerzo, dedicación y recursos. A menudo se asocia con metas altas, plazos ajustados o la necesidad de superar obstáculos significativos. La dificultad está más en la cantidad de trabajo, el esfuerzo o las habilidades necesarias.

CÓMO SE GESTIONA LA COMPLEJIDAD

Como hemos comentado, la complejidad está asociada a confusión, incertidumbre y desorden, y no se puede reducir a una idea simple. Aquí está su grandeza y el gran reto que representa.

Para captar y entender con quién nos la estamos jugando, la Teoría de Sistemas va muy bien. Permitidme que os presente a Donella Meadows, licenciada en Ciencias Químicas, PhD por Harvard en Biofísica e investigadora del MIT, que con su trabajo ofreció una manera clara, accesible y muy potente de entender cómo funcionan los sistemas complejos –desde organizaciones hasta economías o ecosistemas– y cómo intervenir en ellos para generar cambios reales. Sus resultados han tenido una importante influencia en otros estudios académicos, iniciativas gubernamentales y tratados internacionales.

La cito textualmente: «Un sistema es un conjunto de cosas –personas, células, moléculas o lo que sea– interrelacionadas de tal manera que dan lugar a una pauta de comportamiento característica en un periodo de tiempo determinado. Las fuerzas externas pueden afectar, restringir, activar o impulsar un sistema. Pero cada sistema responde a estas fuerzas de manera específica y en el mundo real rara vez encontramos respuestas sencillas.

Los sistemas son, en gran medida, los responsables de su propio comportamiento. Los acontecimientos exteriores pueden provocar ese comportamiento, pero es probable que esos mismos acontecimientos exteriores, aplicados a un sistema diferente, tengan consecuencias diferentes».

Para gestionar la complejidad tenemos que saber movernos en entornos que no podemos controlar.

Es por lo que, como nos explica tan bien Donella Meadows, nos tocará avanzar paso a paso, sin grandes retóricas ni soluciones instantáneas, sino basándonos en la información que tenemos en ese momento e ir viendo cómo responde el sistema a las acciones que vayamos haciendo. No tendremos una hoja de ruta clara y específica, sino que la iremos definiendo al ir haciendo camino.

He escuchado varias veces que la complejidad se navega o se surfea. Ambas metáforas me gustan porque se ajustan muy bien a lo que nos atañe: cómo gestionar la complejidad.

Para navegar y surfear necesitamos tener una muy buena técnica (conocimientos), saber aplicarla (y esto solo se consigue con experiencia; nadie aprende a nadar solo leyendo un libro), y cómo y cuándo actuar (decidir) en función del estado del mar, de la meteorología y cómo estamos nosotros (el contexto). Es decir, se necesitan conocimiento y experiencia, pero sobre todo *expertise*.

Profundicemos un poco en qué es el *expertise*, una palabra inglesa que se usa muy a menudo, pero cuyo significado no siempre se tiene claro.

'Expertise' es el conjunto de conocimientos, habilidades y experiencia profunda que una persona ha desarrollado en un área específica.

Para tener *expertise* se necesita tiempo, no se improvisa. El *expertise* implica no solo saber qué hacer (dominio técnico), sino también cómo hacerlo con criterio, eficacia y fluidez, gracias a la práctica y la comprensión, así como la reflexión acumulada

Pero, ¿tener *expertise* es suficiente? No. Nos faltarían dos elementos más:

- Tener y mantener claridad estratégica. En una situación compleja es muy fácil distraerse y perder el rumbo. He visto casos en los que se pierden de vista el objetivo y la dirección, y reenfocar acaba desgastando mucho a la persona o la organización. Que los árboles no nos tapen el bosque.

- Seguridad en la toma de decisiones. En las situaciones complejas la hoja de ruta no está bien definida; se va construyendo poco a poco, paso a paso, y por esta razón es importante no solo tener la visión del bosque sino también la de los árboles que lo conforman. La pregunta sería: con lo que tenemos en ese momento (recursos propios, información, herramientas etc.), ¿cuál es el paso o acción que nos permite mantener la dirección marcada y nos acerca a nuestro objetivo?

II. Prepararse para gestionar la complejidad

ELEMENTOS CLAVE PARA EL ÉXITO DE UN PROYECTO

Si estás leyendo este libro es porque dedicas tiempo, energía e intención a la gestión de proyectos, ya sea porque tienes responsabilidad global sobre uno, pero sobre todo porque tienes la voluntad de conseguir el objetivo y sentir que has dado lo mejor de ti.

En la gestión de proyectos hay dos patrones muy normalizados:

- Que todo lo que no se puede medir (cuantificar) no se puede mejorar.
- El foco se pone principalmente en el *performance* (conocimiento técnico y metodológico).

Ambos están muy estudiados y hay mucha literatura al respecto. Los dos son básicos en la gestión de proyectos.

....

No obstante, a raíz de mi experiencia en la gestión de situaciones complejas, he comprobado que todo lo que es más cualitativo puede no solo tener un papel relevante sino que es clave para tener éxito en un proyecto.

....

Este es el motivo de este capítulo: añadir esta tercera pata a la ecuación. Es una parte más sutil, llena de matices, totalmente intangible y principalmente sensitiva.

Las sensaciones no se pueden medir, únicamente se puede percibir su intensidad, y no siempre son fáciles de explicar, y mucho menos predecir. Además, pueden variar mucho de una persona a otra, con lo cual estandarizarlas es muy difícil, sino imposible. Y de cuantificarlas ni hablemos.

Vamos a ver qué elementos cualitativos intervienen en el éxito de un proyecto y pueden desempeñar un papel clave:

1. Liderazgo
2. Compromiso/implicación
3. Factores que escapan de nuestro control
4. Presión
5. Motivación
6. Error/fracaso
7. Fatiga

1. Liderazgo

Se trata de asumir la propia responsabilidad en el proceso de conseguir los objetivos marcados, ya sea a nivel propio como de equipo.

Para ello es muy importante entender bien cuál es la responsabilidad que me corresponde para conseguir el objetivo:

- Cuál es mi rol.
- Cuál es la actitud dentro del equipo que me puede ayudar más a conseguir el objetivo.
- Cuáles son mis tareas para que el proyecto salga adelante.
- Qué implica para el proyecto el que haga de más.
- Qué implica para el proyecto el que haga de menos.
- Qué estilo de liderazgo es más adecuado para ese proyecto.

Esta reflexión, que puede parecer teórica, es fundamental. Las respuestas nos abrirán un campo de acción u otro. Vale la pena pararse dos minutos a hacer la reflexión.

....

Recuerda siempre que el proyecto está en el centro y el rol que uno desempeña es funcional, no es el objetivo.

....

2. Compromiso/implicación

Una vez tenga clara mi responsabilidad debo decidir si me comprometo o implico:

- Cuando me implico pago parte del precio para hacer posible el objetivo.
- Cuando me comprometo me dejo la piel para que el objetivo se haga realidad pago todo el precio.

La metáfora que se utiliza es conocida por todos: el desayuno inglés. El cerdito da la vida para que la loncha de beicon esté en el plato, mientras que la gallina aporta los huevos y después sigue picoteando su grano tan tranquila.

Debes escoger ser gallina o cerdito. Si solo te implicas es muy difícil que consigas el objetivo. Aunque si te comprometes y pagas el 100 % del precio tampoco tienes garantías totales de conseguirlo, porque siempre intervendrán factores que escapan de tu control. No es una cuestión solo de esfuerzo y voluntad.

Lo que sí controlamos son los procedimientos (cuándo hago qué, con quién y cómo). Pero por esos factores que escapan de nuestro control, y que en situaciones complejas no fallan nunca, el resultado nunca podemos predecirlo con seguridad, es decir, no lo podemos controlar.

3. **Factores que escapan de nuestro control**
Es en la toma de consciencia de la falta de control cuando aparecen el riesgo y el miedo.

Para avanzar hace falta concentrar-se, pero para tener éxito (conseguir nuestros objetivos) hace falta disposición a asumir riesgos. Y creer que se pueden asumir riesgos sin sentir miedo es una quimera. A lo mejor aparece una ligera duda o lo podemos gestionar sin perder el sueño, pero el miedo siempre estará ahí. Y no solo depende de la persona, sino de en qué momento esté esta.

Yo, practicando escalada en bloque, un día, estando en la pared, debía dar un paso en el que no me sentía nada cómoda y le dije a mi entrenadora: «Rut, me da miedo». Su respuesta fue: «Gestiónalo con los recursos que tienes. Inténtalo». Al bajar me dijo: «Quien te diga que con la escalada el miedo se va es mentira. Escalando, en algún momento u otro, tendrás miedo. Hay que aprender a gestionarlo. No hay más». Con lo cual, sentir miedo no indica que no tengas nivel, y reconozco que esta era una de las creencias limitantes que yo tenía: «Si tengo miedo es que no lo sé hacer bien». Y no es así.

Pero vayamos al grano. Primero a definir y luego a profundizar.

···

**El miedo es una emoción y aparece cuando nuestros objetivos se ven amenazados.
El miedo es la ansiedad provocada por la anticipación a un peligro.**

···

El riesgo y el miedo van de la mano: tienen en común el peligro.

- Riesgo

El riesgo es la probabilidad de que tenga lugar un daño basado en la exposición a un peligro y lo vivimos como una sensación. Ejemplo: si cojo una curva cerrada a 250 km/h el riesgo de un castañazo es de un x %. La sensación de riesgo que va a tener Fernando Alonso o la que voy a tener yo no tienen nada que ver. Él cogerá la curva probablemente bostezando y yo agarrada al volante con los brazos en tensión y los dientes apretados.

El riesgo lo podemos minimizar, asumir o asegurar, lo que implica que se puede gestionar.

Al vivirse como una sensación, es subjetivo e individual. La intensidad de esta sensación depende de cada uno, de ahí la importancia de saber valorarse correctamente. Es imprescindible ser honesto porque uno no puede rendir al 100 % siempre, no podemos estar en nuestro máximo cada día. Solo conociéndonos bien sabremos en qué porcentaje de rendimiento estamos en cada momento, qué nivel de riesgo-compromiso podemos asumir y si tendremos el valor de llevarlo a cabo nuestro objetivo.

¿Qué podemos hacer para poder asumir riesgos?
1. Trabajar nuestras facultades.
2. Trabajar en nuestro desarrollo personal, autoconocimiento:
   - Puntos fuertes y puntos débiles.
   - Ser conscientes de nuestro *expertise*.
   - Cómo respondemos en diferentes contextos.

3. Trabajar y aumentar nuestros conocimientos.

4. Trabajar nuestra capacidad de observación y escucha.
5. Trabajar nuestra capacidad de comunicación.
6. Trabajar para tener una buena red sólida de personas a las que poder acudir.

Estos seis puntos los podemos desarrollar más o menos en función de los proyectos que queramos asumir. Esto será elección nuestra y de nadie más, pero sí tendremos que ser consecuentes.

En función de cuanto los tengamos trabajados podremos decidir con mayor garantía qué riesgos podemos minimizar, cuáles asegurar y cuáles asumir, y por lo tanto en qué retos nos podemos embarcar.

- Miedo
El miedo es una emoción y determina nuestra respuesta ante una situación de anticipación de peligro.

La respuesta ante el miedo no siempre será la misma, ya que dependerá de la sensación de riesgo que tengamos en ese momento. Esta puede ser avanzar, retroceder o bloquearse.

¿Y a qué le tenemos miedo? Los tres principales motivos son:

- Miedo a lo desconocido.
- Miedo a sobreestimarnos a nosotros mismos.
- Miedo a no estar a la altura.

La solución primaria ante el miedo es buscar excusas, descargar la responsabilidad en otros o simplemente decir que estas cosas pasan.

La razón nos ayuda a disminuir el miedo, ya que la mente tiene por objetivo nuestra supervivencia, no que conectemos ni nos alineemos con nuestros objetivos.

....

Si no nos enfocamos con consciencia y voluntad en nuestros objetivos siempre ganará la mente de supervivencia.

....

En cuanto a la gestión de emociones, hay una cita que tengo muy presente siempre: «*Feelings are information, not instructions*» (las emociones son información, no instrucciones).

4. Presión

¿Cuántas veces hemos oído eso de «trabajo bien bajo presión» o «trabajo mejor cuando tengo presión». Se suele ver como una fortaleza muy buena a nivel profesional y nos solemos enorgullecer de ello.

Sin embargo, a la hora de trabajar un objetivo tienes que encontrar el equilibrio. Tienes que poder trabajarlo sin perder el sueño. Si dejas de dormir es que te has puesto demasiada presión, y con demasiada presión no podrás prepararte bien ni trabajar de manera óptima.

La presión en la gestión de un proyecto varía en función de cómo vayamos avanzando, las implicaciones que pueda tener y también del diálogo que mantengamos con nosotros mismos. No confundamos ser autoexigentes con machacarnos.

5. Motivación

La motivación tiene un papel clave para él éxito de los proyectos que emprendamos.

Pep Marí, psicólogo que ha dirigido durante 25 años el departamento de Piscología del Centro de Alto Rendimiento de Sant Cugat, es un profesional de quien he aprendido muchísimo, y aplico mucho de lo que él comparte a través de sus libros y redes.

La motivación no solo trata de tener objetivos claros y visualizarlos, también implica pagar todo el precio para conseguirlos:

- ¿Qué renuncias y sacrificios tienes que hacer para conseguir el objetivo?
- ¿Qué esfuerzo tengo que hacer para cumplir con el programa de trabajo para conseguir el objetivo?
- Aceptar todas las consecuencias, tanto las positivas como las negativas, que se derivan de haber optado por ese objetivo y haberse comprometido con el plan de trabajo.

Todos hemos constatado que la motivación no es lineal, que al principio hay mucha y luego va fluctuando. Cuando estamos en un momento bajo de motivación el hábito de ser disciplinado puede ser de gran ayuda, pero quien realmente nos sustenta es la convicción, esa certeza profunda de abrazar por qué hacemos lo que hacemos, la que verdaderamente nos da el impulso para seguir[1].

6. Fracaso/error

Aquí tocamos hueso. A nadie le gusta equivocarse, y menos todavía fracasar. Vivimos en una sociedad donde, aunque esto se haya suavizado, se castiga, y nos autocastigamos por el error, y por un fracaso todavía más. Lo tenemos grabado a fuego.

No obstante, si queremos progresar y entrar en nuevos terrenos de juego tendremos que incorporar la idea de que los errores y hasta el fracaso son compañeros de viaje. Este es el primer punto.

---

1 Albert Bosch lo explicó muy bien en el podcast: https://www.youtube.com/watch?v=tQbOZ6uJWLA

El segundo es que, por mucho que nos cueste admitir nuestros errores, no los podemos justificar. Si cada vez que fallamos buscamos una excusa, entonces no tendremos la obligación de cambiar nada. Y si no cambiamos no progresaremos. Así de simple y llano.

Quien sabe aprender nunca comete dos veces consecutivas el mismo error. Puede volver a fallar, pero no por la misma razón.

El error analizado nos aporta conocimiento y *expertise*; así ampliamos nuestro repertorio de recursos propios y nos podemos enfrentar a retos más complejos y exigentes.

Considero que es tarea de todos poner los «errores» en el sitio que les corresponde. Jeff Bezos lo explica muy bien en su libro *Crea y divaga*. Cito textualmente: «Cuando hay que tomar una decisión, uno debe preguntarse: ¿se trata de una puerta de entrada y salida (puedes volver al punto de inicio) o solo de una puerta de entrada (no puedes volver al punto de inicio)? Si es de entrada y salida, toma la decisión. Adelante, tómala. Si te equivocas no pasa nada; ya la modificarás. Pero si es una puerta solo de entrada, analízala de 5 formas distintas y sé prudente, porque en esos casos ir despacio equivale a evitar problemas, y evitar problemas equivale a ir deprisa».

Sugiero poner el foco en las implicaciones y consecuencias de la decisión que vayamos a tomar, no tanto en si nos podemos equivocar o no.

··

Hay decisiones que tienen consecuencias irreversibles, pero la gran mayoría de ellas son subsanables. Y si no lo son te permitirán innovar, mejorar, aprender y ser más resiliente.

··

7. Fatiga

Quién no ha escuchado o leído las siguientes frases:

- «Trabaja mientras ellos duermen, aprende mientras ellos se divierten y vive lo que ellos sueñan».
- «Mientras otros descansan, tú sigues construyendo tu futuro».
- «Cuando otros duermen, tú entrenas; cuando otros paran, tú avanzas».

Cuando las leo me sale mi faceta contestona y me viene a la mente la tortuga con cara triunfante ante la liebre.

De acuerdo; para conseguir nuestros objetivos tenemos que estar comprometidos (pagar el 100 % del precio), cumplir con el programa de entrenamiento y aceptar las consecuencias positivas y negativas que conllevan. No obstante, tenemos que ser muy cuidadosos de no entrar en fatiga. Si entramos en fatiga no podremos hacer cosas que nos son fáciles de hacer y nuestras probabilidades de conseguir lo que nos hemos propuesto caerán en picado.

¿Qué implica la fatiga?

- Cambios de comportamiento.
- Una disminución notable del rendimiento.
- Perdida de creatividad.
- Desvinculación del proyecto.
- Disminución de la motivación.
- Menor concentración.

- Disminución de la disciplina.
- Falta de atención a los detalles.
- Irritabilidad y falta de paciencia.

Una vez estaba comiendo con un cliente que estaba viviendo una situación crítica en la empresa familiar y le pregunté con cuál de estas implicaciones se identificaba. Las leyó y me dijo: «Con todas». Nos quedamos parados los dos. En ese momento tomamos consciencia de que teníamos que redefinir nuestra hoja de ruta, y sobre todo los tiempos.

Cuando hablamos de fatiga la resiliencia entra en escena.

La resiliencia es la capacidad de sobreponerse a momentos críticos y adaptarse tras experimentar alguna situación inusual o inesperada. Es decir, tener la actitud correcta a pesar de experimentar miedo a lo que la situación puede causar.

Podríamos decir que la resiliencia se origina cuando la persona demuestra si sabe o no hacer frente a una situación de presión, superarla e integrar el aprendizaje en su vida.

Existe la creencia muy arraigada de que cuanto más tiempo aguantemos más duros seremos, y por lo tanto más éxito tendremos... Y no. La fatiga, el agotamiento, son lo contrario a la resiliencia: la persona resiliente es una persona que descansa bien. La clave de la resiliencia es esforzarse, detenerse, recuperarse y volver a intentarlo.

Y aunque haya muchísimos libros y metodologías que nos explican cómo gestionar eficientemente nuestro tiempo, en realidad lo que gestionamos es nuestra energía. Si estamos cansados y tenemos cuatro horas por delante, poco haremos. Si estamos llenos de energía sabremos aprovechar muy bien 10 minutos.

....

Tengamos bien presente que lo que realmente gestionamos no es tiempo, sino energía, y tenemos que saber detectar cuándo y cómo recargar esta.

....

A esta recarga de energía le llamamos descanso, y descanso no es sinónimo de dormir. Samanta Dalton Smith tiene un Ted Talk muy interesante donde nos lo cuenta y nos explica cuáles son los siete tipos de descanso y cómo podemos hacer para recuperar la energía[2].

«Selfawarness»

> *«La consciencia no es un lujo moral; es una ventaja competitiva».*
>
> FRED KOFMAN

La autoconsciencia (*self-awareness*) es uno de los conceptos que empezaremos a oír cada vez más. Personalmente me alegro mucho, porque es desde la consciencia desde donde podemos ser proactivos y decidir. Es desde la consciencia desde donde cogemos el rol de protagonistas y nos ponemos

---

2   https://www.ted.com/talks/saundra_dalton_smith_the_real_reason_why_we_are_tired_and_what_to_do_about_it

al frente, desde donde definimos nuestra área de influencia y podemos aprovecharla al máximo y hacerla crecer en la dirección que queramos.

Desde la consciencia sabemos que el trabajo que tenemos, los títulos académicos, la fama y el reconocimiento que nos dan los demás y nuestra cuenta bancaria son cosas simplemente, que vienen y van, y no son eternas. Vamos, que no nos definen porque son transitorias.

....

Cuando somos conscientes de quiénes somos, cuando nos vemos a nosotros mismos con claridad, nos sentimos más seguros y somos más creativos. Tomamos decisiones más sólidas, construimos relaciones más fuertes y nuestra comunicación es mucho más eficaz.

....

Todo son ventajas.

Cuando actuamos desde la consciencia no nos centramos en juzgar si el vaso está medio lleno o medio vacío, sino en el agua que hay dentro y en qué puedo hacer yo con ella.

Miremos qué llevamos en nuestra mochila, esa que acarreamos cada día de nuestra vida:

- Nuestro auto-liderazgo.
- Nuestra motivación.
- Nuestros valores.
- Nuestras fortalezas.
- Nuestra capacidad de gestionar la presión.
- Nuestra capacidad de gestionar la fatiga.
- Nuestro compromiso e implicación.

¡Qué pocas veces miramos dentro de ella y lo importante que es! En ella llevamos nuestros básicos, todos estos puntos que nos definen como profesionales y nos permiten no solo conseguir nuestros objetivos, sino definir cómo conseguirlos, algo a veces más importante.

Acompañé a un profesional en un proceso para poder ser el sucesor de la empresa familiar. El propietario (familiar suyo) le dijo que no, que él no. Lo que trabajó y luchó ese hombre pocas veces lo he visto. Se dejó la piel. Al cabo de un año volvimos a hablar del tema. Me dijo: «Nuria, no se consiguió, pero sé que lo di todo y fui fiel a mis principios y valores». Hablaba desde la serenidad; eso no tiene precio.

Profundicemos un poco más en estos siete puntos que todos llevamos en nuestra mochila diaria. En base a ellos tomaremos nuestras decisiones estratégicas, tácticas y del día a día.

Somos las decisiones que tomamos.

Conociendo estos siete puntos podremos:
- Saber en qué porcentaje de rendimiento estamos, y por lo tanto, si es el momento o no de meternos en según qué «berenjenales».
- Identificar cuál es nuestra área de influencia (suele ser mucho mayor de la que pensamos).
- Identificar en qué contextos nos movemos con mayor soltura, y por lo tanto tenemos ventaja.
- Identificar en qué fortalezas vamos a basar nuestra estrategia para conseguir aquello que nos hemos propuesto de manera diferencial y con menos esfuerzo.

- Identificar qué riesgos vamos a asegurar, cuáles minimizar y cuáles asumir.
- Identificar qué recursos externos necesitamos realmente, pero sobre todo cuáles escoger, ya que así sabremos detectar los que mejor se adapten a nuestra manera de hacer y nos ayuden a ser más ágiles en la acción.
- Detectar qué es lo que nos demanda más energía y esfuerzo, y por lo tanto preverlo y así tomar medidas o evitarlo.

Actuando desde la consciencia, desde nuestra esencia, tenemos muchas más garantías de conseguir nuestros objetivos, y además nos sentiremos muy satisfechos de cómo los hemos logrado.

Ralph Waldo Emerson tiene una frase al respecto que comparto con vosotros: «El éxito consiste en conseguir lo que quieres y la felicidad en disfrutar de lo que has logrado».

Estos dos mensajes juntos, no solo ponen en la ecuación el hecho de conseguir un resultado determinado, el reconocimiento externo por haberlo obtenido, sino que te incluye a ti como parte vital de la ecuación. Es decir, implica que debes responder afirmativamente a tres preguntas:

- ¿Estás contento con el resultado obtenido?
- ¿Estás contento de cómo lo has conseguido?
- ¿Estás contento con las consecuencias de haber conseguido ese resultado?

Desde mi punto de vista, esta frase no habla solo de éxito y objetivos cumplidos, sino también de realización profesional y personal.

....

Cuando te sientes realizado es que por fin has conectado contigo mismo. Eres consciente de quién eres y te reconoces como tal.

....

Queda claro que la conciencia es de verdad una ventaja competitiva.

«Mindset»

El concepto de *mindset* se popularizó gracias a Carol Dweck, profesora de Psicología en Stanford, con su libro *Mindset: The New Psychology of Success*.

Se refiere al conjunto de creencias, supuestos y actitudes que influyen en cómo una persona interpreta las situaciones y actúa ante ellas. Es en esencia la forma en que pensamos sobre nuestras capacidades, los desafíos y el aprendizaje.

Las creencias tienen un papel relevante en nuestro *mindset*, y por ello vale la pena dedicarles atención.

Las creencias son las ideas o convicciones que una persona tiene sobre la realidad, lo que considera verdadero o falso. Pueden basarse en la experiencia personal, la educación, la cultura o la religión, entre otros. Pueden ser conscientes o subconscientes, y ser flexibles o estar arraigadas. Así que podemos decir que las creencias son elementos fundamentales de nuestra identidad y perspectiva.

Solo poniéndonos en situación ya podemos intuir el juego que pueden dar y el papel tan importante que desempeñan en nuestro desarrollo, ya sea en el ámbito personal como profesional.

Algunos ejemplos de creencias que tienen impacto en nuestra carrera profesional son:

- «Tengo que ser aceptado».
- «Merezco tener éxito».
- «El error no está permitido».
- «Pedir es de mala educación».
- «Tengo que ser excelente».
- «No se debe hablar de dinero».
- «Para ser bueno tengo que estar entre los diez primeros».
- «Tengo que solucionarlo yo solo».

Mirémonos estas creencias desde la neutralidad. Como lo haría Sherlock Holmes cuando investigaba un caso: *«To observe, you must learn to separate situation from interpretation, yourself from what you are seeing».* (Para observar debes aprender a separar la situación de la interpretación, a ti mismo, de lo que estás viendo).

La mayoría de creencias no son buenas ni malas. En función de en qué contexto nos encontremos tendrán un impacto positivo o negativo en nuestra carrera profesional.

Pongo un ejemplo. El pensamiento «tengo que ser excelente», en contextos en los que se necesita avanzar con rapidez y buscar la excelencia, nos hace retrasarnos o incluso puede parar un proyecto. Pero habrá otros en los que la excelencia será imprescindible para conseguir el resultado deseado, así como el objetivo.

Podríamos analizar y debatir cada una de las creencias que he puesto como ejemplo y ver cuándo la creencia nos limita y cuándo nos potencia.

Cuando tengamos consciencia de que existe una creencia propongo que nos la cuestionemos (que no juzguemos). Es decir, hay que preguntarse: ¿me identifico realmente con esa creencia o me viene dada? Si es una creencia que responde realmente a mi identidad la reconoceré e incorporaré a mi toma de decisiones. Si me viene impuesta y no me siento cómodo con ella habrá llegado el momento de soltarla.

Por otro lado, los valores son los principios o cualidades que una persona considera importantes y guían su comportamiento y toma de decisiones. Representan las ideas y las normas sobre lo que es correcto y deseable.

¿Y por qué saco a colación los valores? Porque los valores se basan en las creencias.

Vale la pena prestar atención a nuestras creencias, cuestionárnoslas y hacer que evolucionen con nosotros. Y sobre todo no juzgarlas de antemano. No siempre nos limitan; muchísimas veces nos potencian.

Las creencias definen tanto las reglas como el terreno de juego.

Enfoque sistémico o reduccionista

Donella Meadows, en su libro *Pensar en sistemas*, lo explica a la perfección. La cito textualmente:

«El enfoque sistémico y el enfoque reduccionista (análisis, dividir en partes el problema...) son complementarios.

Se pueden observar algunos fenómenos a través de la lente del ojo humano, otros a través del microscopio y otros más a través de la lente de la Teoría de Sistemas. Todo lo que se ve a través de cada una de estas lentes posee una existencia verdadera. Cada forma de ver permite que nuestro conocimiento de este mundo maravilloso en el que vivimos sea un poco más completo.

En un momento en el que el mundo es más caótico, está más superpoblado, más interrelacionado, es más interdependiente que nunca y cambia cada vez más rápido, no podemos despreciar ninguna óptica». No puedo estar más de acuerdo con ella.

Y aquí me viene a la cabeza la psicóloga Elena Puig Guitart, que siempre dice: «De acuerdo, tienes el 95 % de razón, pero ¿valdrá la pena escuchar a la otra persona que tiene el 5 % de razón para saber en qué tiene razón, no?». Aunque el porcentaje sea del 0,1 %, siempre vale la pena escuchar.

El *mindset*, en la resolución de situaciones complejas, podríamos decir que es aditivo. No se trata de escoger sino de incluir, incorporar. El incorporar diferentes lentes nos permitirá:

- Mejorar nuestra capacidad para entender las partes.
- Descubrir interrelaciones.
- Formular preguntas hipotéticas para averiguar cómo serán las conductas futuras.
- Desarrollar la creatividad y la valentía necesarias para rediseñar los ecosistemas y sus reglas de juego.

Aprendizaje

El aprendizaje en la gestión de situaciones complejas es un *must*, no entendido como un acto puntual más o menos frecuente de acumulación de conocimientos, sino como una actitud.

Como decía, no se trata de acumular conocimientos, sino de incorporar aquellos que nos sirvan para gestionar la situación en que nos encontramos. Más conocimiento no siempre implica saber encontrar la acción que mejor nos permite avanzar en una situación compleja.

La hoja de ruta para encauzar una situación compleja no es evidente, y puede variar mucho de una a otra.

Si algo caracteriza a la complejidad es la dificultad de predecir; lo que funciona en un sistema no tiene por qué funcionar en otro, y lo que una vez nos ha funcionado no tiene por qué volver a funcionar en otra ocasión. El sistema de patrones no es estable.

El aprendizaje como actitud nos proporciona:

- Saber estructurar la información de la que disponemos de la manera idónea para tomar buenas decisiones en función del contexto en que nos encontremos.
- Saber armonizar el análisis con el desarrollo de la intuición que nos proporciona el *expertise* y así poder decidir mejor.
- Reducir el ruido en la toma de decisiones al saber detectar las variables clave y priorizar.
- Saber diferenciar riesgo de incertidumbre.

El aprendizaje como actitud es una forma de estar en el mundo. De entrada ya estás cuestionando el paradigma que nos enseñaron en la escuela de que hay respuestas correctas y respuestas incorrectas, y que si tienes la razón ya está todo dicho y no hace falta continuar con la conversación. Tener razón deja de ser un magnífico e incuestionable punto y final.

El aprendizaje como actitud implica:

- Ser humilde y respetuoso para escuchar y observar de manera neutra, sin prejuicios.
- Explorar nuevas maneras de mirar y nuevas perspectivas.
- Estar dispuesto a cuestionar esas verdades que dabas ya por hechas.
- Ser consciente de que no tienes toda la verdad.
- Ser consciente de que todos tenemos un valor que aportar.

Tener esta actitud de aprendizaje es escoger el movimiento, muchas veces incómodo y no evidente, de que las verdades absolutas no existen y puedes cambiar de mirada y opinión frente a la confortabilidad y la quietud de las certezas y los sistemas de referencia establecidos por legado o la sociedad. Con esta manera de mirar el mundo se te romperán más esquemas y patrones que si optas por construir un sistema estable con las reglas de juego bien definidas.

Este movimiento que aporta el cuestionarse lo establecido y lo que parece evidente te da una capacidad de adaptación y ajuste muy grande que ampliará tu capacidad para liderar e influir.

Uno de los puntos que veo con los que trabajo es que todos ponemos mucho foco en el conocimiento que nos falta, pero muy poco en el que ya tenemos. Este lo damos por hecho, lo tenemos muy automatizado y dejamos de prestarle atención. El conocimiento latente que tenemos tanto a nivel individual como de organización está basado, por lo que he podido comprobar, en nuestras principales ventajas competitivas. Vale la pena pararse a tomar consciencia de lo que realmente se nos da bien y tenemos ya en nuestro haber.

Pep Marí, en su libro *Aprender de los campeones,* nos explica cómo poder rendir bajo presión al máximo de nuestras posibilidades basándonos en el aprendizaje. Él describe el proceso de aprender como una pirámide que se divide en cuatro estadios:

1. Poder aprender (la base de la pirámide): tener las condiciones para que el aprendizaje se pueda dar (estar mentalmente sano y tener un entorno que no reste).

2. Querer aprender: aquí la protagonista es la motivación y sus implicaciones.

3. Saber aprender: los deportistas ganadores nunca justifican sus errores; los asumen, analizan y buscan soluciones. Puede que vuelvan a equivocarse, pero no por la misma razón.

4. Demostrar lo aprendido (en la punta de la pirámide); es el momento de la verdad. Actuar cuando toca y como toca, y por lo tanto bajo presión. El resultado es importante; nos jugamos mucho.

Recomiendo encarecidamente su lectura porque he aplicado esta estructura a casos de cambio en organizaciones y los resultados obtenidos han sido muy buenos. Los cambios buscados se han incorporado y consolidado, y las organizaciones han aprendido.

Gestión del tiempo

Uno de los grandes quebraderos de cabeza que todos hemos experimentado es cómo hacer todo lo que tenemos escrito en nuestra lista de «*to do's*». Que, dicho sea de paso, rellenamos rápidamente y tachamos mucho más lentamente de lo que nos gustaría.

Ante las exigencias de conseguir un objetivo importante para nosotros, sin titubear le dedicamos las horas que haga falta. Nos hemos comprometido con el proyecto y lo damos todo. Le reservamos largos periodos en nuestra agenda, dejamos para después o en *standby* otros temas (no solo los personales y familiares), o los encajamos como podemos y acabamos haciendo jornadas maratonianas y la mayoría de las veces acabamos el día sin tener la sensación de haberlo aprovechado ni haber hecho lo que queríamos hacer y con un cansancio mayúsculo.

Cuando nos organizamos así es que trabajamos por tiempo. Toda la planificación y el trabajo se hacen poniendo foco en el tiempo de que disponemos, que cómo máximo es de 24 h al día. Los principales problemas de trabajar por tiempo son:

- Las horas son un recurso finito.
- Cada hora no se aprovecha igual.
- Hora no utilizada equivale a hora desperdiciada.

....

Mi propuesta es que nuestra organización y planificación funcionen en base a nuestra energía vital. Porque cuando estamos llenos de energía con poco tiempo hacemos mucho, y viceversa.

....

La energía vital no se mide, se siente. La podemos definir como una sensación interna de fuerza, ánimo y dinamismo. Sus dimensiones son las siguientes:

- Física: sensación de fuerza, resistencia, dinamismo corporal.
- Emocional: entusiasmo, alegría o motivación que impulsa a actuar.
- Mental: capacidad de concentración, creatividad y rapidez de pensamiento.
- Social: presencia que contagia a los demás. Una persona puede transmitir energía positiva o negativa.

Con un enfoque de gestionar energía y no tiempo, nuestro campo de acción es mucho mayor, ya que no gestionaremos un recurso finito que nos viene dado (24h, 365 días), sino un recurso propio y sus fuentes, que son principalmente esas cuatro: el cuerpo, las emociones, la mente y el espíritu.

Para sentirnos llenos de energía tenemos que invertir en:

- Hábitos: sueño, alimentación, actividad física.
- Entorno: calidad de relaciones, espacio de descanso y ambiente laboral.
- Psicología: estado de ánimo, nivel de estrés, sentido de propósito.

Es verdad que no todo depende de nosotros, pero muchaos de los puntos que acabo de enumerar sí. Está en nuestra mano el mantener un buen nivel de energía y ver cómo y cuándo utilizarla.

Con la energía que tengamos en nuestro haber (no va a ser la misma cada día) ya decidiremos cómo repartir las tareas en el tiempo. Hay infinidad de metodologías y opciones para ello. Escoge la que mejor te vaya a ti. Te comparto algunas por si te pueden ser de utilidad: la Matriz de Eisenhower, el método Pomodoro, *Getting Things Done* (David Allen), *Eat That Frog* (Brian Tracy), el método ABCDE, la Regla 80/20 y Kanban personal.

Profundicemos un poco más en aquello que nos puede ayudar a trabajar mejor y con más fluidez, y dejemos la disciplina para cuando realmente se requiera. Son dos aspectos que influyen de manera directa pero que no siempre se relacionan con la gestión de la energía/tiempo:

1. Hemos oído hasta la saciedad que para obtener resultados hay que salir de la zona de confort. No digo que no, pero no podemos estar actuando siempre fuera de ella. Actuar fuera de nuestra zona de confort requiere de mucha energía y por tanto nos puede hacer entrar en fatiga.

   Si analizamos qué implica salir de la zona de confort veremos que las zonas que tenemos que atravesar antes de llegar a la zona de crecimiento son la zona de miedo y la de aprendizaje. Ambas demandan muchas energía.

   - En la zona de miedo tenemos que gestionar la incertidumbre, el desconocimiento del terreno en el que estamos, la falta de confianza, nuestras dudas sobre nuestras capacidades, el riesgo...
   - En la zona de aprendizaje necesitamos tiempo para aprender a movernos con soltura en el nuevo paradigma, y por lo tanto tenemos una alta probabilidad de cometer errores y enfrentarnos a desafíos y problemas respecto de los cuales no nos sentimos 100 % confortables.

En ambas zonas la presión que tenemos que asumir para conseguir los resultados es elevada y la fatiga puede ser una de nuestras grandes enemigas a la hora de conseguir nuestros objetivos.

2. Situar nuestras fortalezas como variable principal en la ecuación para conseguir nuestros objetivos nos ayudará muchísimo.

Las fortalezas son aquellas cualidades, actitudes y habilidades deseables y sobresalientes de una persona. Una cualidad se convierte en fortaleza cuando se manifiesta como un rasgo constante y destacado de la persona, lo que le da ventaja respecto de los demás.

¿Y entonces por qué no las utilizamos? Porque tendemos a infravalorar lo que inherentemente hacemos bien. A menudo nuestros «superpoderes» son cosas que hacemos sin esfuerzo, casi irreflexivamente, como respirar. Nos han enseñado a valorar solo lo que hacemos con mucho esfuerzo y disciplina, y esto lleva a que cuando alguien te pide que hagas algo relacionado con una de tus fortalezas tiendas a pensar: «Pero es que es muy fácil, demasiado fácil; esto es que no confían en mí y no me encargan retos más desafiantes».

¡Cambiemos esta mirada! Si te resulta fácil de hacer, mejor que mejor; lo harás rápido y bien, y además podrás ir más allá de manera muy fluida.

Cuando actuamos en base a nuestras fortalezas no nos desgastamos ni un 5 % respecto a cuando lo hacemos en base a esfuerzo, sacrificio y fuerza de voluntad.

Vale la pena dedicar tiempo a tomar consciencia de cuáles son nuestras fortalezas y ponerlas a nuestro servicio.

GESTIÓN DE LA COMPLEJIDAD POR ÁREAS

Como comentaba en el capítulo «La complejidad en todo su esplendor», la complejidad es multidimensional.

Si ponemos el foco en la organización nos encontramos con tres meta-dimensiones: la administrativa, la operativa y la estratégica, todas ellas entrelazadas e interdependientes. Una modificación en una de ellas tiene consecuencias en las otras. Todos tenemos en mente varios ejemplos vividos en carne propia. Algunos nos solucionaron mucho y otros, hechos con la mejor de las intenciones, nos entorpecieron lo indecible.

El siguiente cuadro nos puede ayudar a verlo desde un punto de vista más 360°:

NIVEL DE COMPLEJIDAD	ELEMENTOS CLAVE	TIPO DE TOMA DE DECISIÓN	TIEMPO VERBAL
Administrativo	Procesos y tareas	Analítico	Pasado
Operativa	Personas	Analítico e Intuitivo	Presente
Estratégico	Se concibe la organización como ente	Analítico e Intuitivo	Futuro

1. Complejidad administrativa

En este nivel nos focalizamos en cómo definir los procesos y tareas lo más eficaz y eficientemente posible. Tiramos de diagramas de flujo y un muy buen análisis de la información.

Al buscar la eficiencia nos focalizamos en mejorar lo que se hacía hasta la fecha, y por eso nos basamos en el pasado.

2. Complejidad operativa

Aquí entran las personas de la organización y su día a día. Tienen unas tareas y unos procesos que ejecutar y nos centramos en el presente, en el aquí y ahora.

Cuando las personas entran en la ecuación también se incorporan las emociones, las expectativas, las reacciones, los valores, las alianzas, las evoluciones y las transformaciones. De aquí el que tanto la cultura de la organización como la atracción y la retención del talento sean clave para el buen funcionamiento del sistema.

3. Complejidad estratégica

En este nivel ya se concibe a la organización como un ente y hay que pensar cómo queremos que esta interaccione con el entorno.

La visión y la misión toman especial relevancia y el *nouse in hands off* es la regla de actuación de quien está implicado en este nivel. Es desde aquí desde donde se preparan y se sientan las bases para el futuro y la sostenibilidad de la organización, teniendo en cuenta el entorno y la organización en sí (personas, operativa y procesos y tareas).

III. Elementos clave

EL CONTEXTO

El contexto en la gestión de las situaciones complejas juega un papel fundamental. Es incuestionable la importancia de entender en qué contexto estamos, cómo funciona y puede evolucionar y transformarse. Si no ponemos el contexto en la ecuación daremos palos de ciego y no tendremos claridad estratégica ni seguridad en la toma de decisiones. Vale la pena parar y dedicarle tiempo y reflexión.

Veamos primero el significado de la palabra contexto:

- RAE: «Entorno físico o de situación, político, histórico, cultural, o de cualquier otra índole, en el que se considera un hecho».
- Enciclopedia de Significados[3]: «Conjunto de elementos que rodean cualquier mensaje, acontecimiento o fenómeno concreto. Puede referirse a un entorno físico o simbólico, o a las circunstancias que condicionan un hecho o mensaje y su interpretación».
- ChatGPT: «Conjunto estructurado de variables, condiciones y relaciones –internas y externas– que influyen en la interpretación, funcionamiento o rendimiento de un sistema, proceso o dato. Incluye parámetros operativos, restricciones, dependencias, antecedentes y el entorno en el que ocurre un fenómeno».

¿Y cuáles son los verbos más utilizados que acompañan a este sustantivo?

---

3   www.significados.com

- Definir el contexto.
- Leer el contexto.
- Analizar el contexto.
- Evaluar el contexto.
- Poner en contexto.
- Mapear el contexto.
- Adaptarse al contexto.
- Interpretar el contexto.
- Describir el contexto.
- Dar contexto.

Todos ellos son verbos que dotan de significado, enmarcan, dan un sistema de referencia, nos indican que hay unas reglas de juego. Y son precisamente estas las que debemos detectar y entender o, en su defecto, intuir, si queremos gestionar bien la complejidad. Porque toda complejidad tiene su contexto.

Mi propuesta es considerar y entender el contexto como un sistema, tal y como nos dejan entrever las tres definiciones.

En lo que me fijo para analizar y conocer un contexto es en los siguientes puntos:
1. Elementos, interrelaciones y propósito.
2. Relaciones lineales y no lineales.
3. El flujo de información.
4. Paradigmas y modelos mentales.
5. Prestar atención a lo importante.
6. El tiempo.

1. Elementos, interrelaciones y propósito

Un sistema es algo más que la suma de sus partes. Un sistema es un conjunto de elementos interrelacionados, organizados de manera coherente para alcanzar un fin.

Recuerda el proverbio sufí ya citado, «Crees que como entiendes el 'uno', entenderás el 'dos', porque uno y uno suman dos. Pero olvidas que también debes entender el 'y'».

Los sistemas están formados por elementos, ya sean tangibles que podemos ver, como intangibles. El que sean tangibles o intangibles no determina su importancia, que dependerá del sistema en sí.

Si profundizamos en los elementos de un sistema, los podremos ir dividiendo en subelementos, y estos a su vez en más subelementos. No obstante tenemos que ser conscientes de que si seguimos profundizando acabaremos por perder de vista el propio sistema.

....

Lo que mantiene unidos a los elementos de un sistema son sus interrelaciones, y estas son únicas para cada sistema. Las interrelaciones son las que marcarán el comportamiento del sistema.

....

Y, como en los elementos, los flujos que definen la relación pueden ser físicos, intangibles o de información.

Solo viendo el sistema en funcionamiento en cuestión podremos conocer su propósito. El propósito no se verbaliza, se demuestra. El propósito es la razón fundamental por la que algo existe o alguien decide actuar.

....

El propósito se deduce del comportamiento, no por retórica ni por los objetivos expresados. Digas lo que digas, eres lo que haces. Lo mismo ocurre con los sistemas.

....

Si ponemos el foco en el entorno de las organizaciones y nos ponemos las gafas de identificar sistemas podremos ver que la organización, que ya es un sistema de por sí, engloba otros sistemas, como son las áreas funcionales y los grupos de influencia (llamados comúnmente reinos de taifas o silos), y que opera dentro de otros sistemas como el mercado (del abasto que se haya propuesto a nivel estratégico) o como, por ejemplo, el de los proveedores escogidos.

Cuando miramos «nuestro» sistema vemos que está insertado en otros sistemas y que no todos los propósitos están alineados, sino que pueden perfectamente entrar en conflicto o contradicción.

Lo que mantiene la identidad del sistema son sus interrelaciones y propósito, por lo que un cambio o la evolución de cualquier de estos dos elementos puede tener consecuencias radicales para el sistema en sí.

2. Relaciones lineales y no lineales

Cito a James Gleick, autor de *Chaos, Making A New Science*: «Las relaciones lineales son fáciles de imaginar. Cuanto más, mejor. Las ecuaciones lineales se pueden resolver, por eso son perfectas para libros de textos. Los sistemas lineales poseen una virtud modular importante: puedes desmontarlos y volver a armarlos; las piezas encajan.

Los sistemas no lineales, por lo general, no se pueden resolver y no se pueden montar (...). La no linealidad significa que el propio acto de jugar el juego altera las reglas en cierto modo».

Una relación lineal se puede representar con una línea recta; la relación de proporciones es constante. En una relación no lineal la causa no provoca un efecto proporcional y no se puede representar con una línea recta, sino con curvas u oscilaciones.

El universo es caótico (no lineal), y nuestro día a día también. Pocas veces nos encontraremos con relaciones lineales donde la relación causa-efecto es clara y predecible, sino que más bien nos veremos las caras con relaciones no lineales, donde un pequeño cambio puede provocar un gran efecto... o ninguno. No hay proporcionalidad, y los efectos pueden ser retardados, acumulativos o incluso contradictorios.

3. El flujo de información

Como decía al iniciar este capítulo, las interrelaciones vienen definidas por los flujos, a veces reales y tangibles, y otras intangibles.

La información, y sobre todo su uso y manejo, define el contexto. De dónde se obtiene la información, cómo se transmite, cómo se recibe, cómo se interpreta, cómo se procesa y quién la recibe y cómo la usa.

Se habla y se ha escrito mucho sobre la comunicación, tanto interna de las organizaciones como externa (cómo se comunica la organización con el exterior). Se trata de una relación no lineal, y por eso tiene tanta miga.

....

La comunicación, cómo diseñamos y gestionamos este flujo de información, tiene una especial incidencia en el contexto.

....

Así que podemos afirmar que el flujo de información no es una interrelación más dentro del sistema, sino que la mayoría de las veces es un fiel reflejo del propósito del mismo.

4. Paradigmas y modelos mentales

Y en este punto es donde las personas son las protagonistas.

Cuando hablamos de paradigma estamos hablando de ecosistema social. Cómo un grupo entiende la realidad, lo que considera «válido», «normal» o «posible», y todo ello condiciona todo el contexto.

El modelo mental es ya individual y lo podemos definir como el conjunto de creencias, supuestos y patrones de pensamiento que cada persona usa para actuar.

El modelo mental y los paradigmas pueden estar alineados o no. Pueden evolucionar y transformarse a velocidades diferentes y estar en conflicto o no.

Tanto los paradigmas como los modelos mentales tienen una gran incidencia en el contexto.

En función de los paradigmas que predominen en ese momento en la organización, el flujo de información será de una manera u otra. Y este puede ser la causa de un cambio de paradigma o modelo mental.

Como decía James Gleick, «el acto de jugar puede cambiar las reglas de juego».

Ser independiente de los paradigmas, mostrarnos flexibles y comprender que ninguno es el verdadero nos ayudará enormemente a entender el contexto, y por ende a gestionar la complejidad.

Pongamos ejemplos que nos ayuden.

En las empresas familiares, de entrada ya entran en juego dos sistemas: la familia y la empresa. Cómo se relacionen estos dos sistemas hará que estemos en un u otro paradigma:

- La empresa está al servicio de la familia.
- La familia está al servicio de la empresa.
- Empresa y familia son lo mismo.
- ¿Todos los miembros de la familia comparten el mismo sentir?

Otro punto que tiene mucha importancia en el contexto es el significado que tienen algunas palabras clave en un determinado paradigma o marco mental. Palabras como poder, crecimiento, éxito, fracaso, renuncia y destino marcan las reglas de juego.

5. Prestar atención a lo importante

En este punto no me voy a extender demasiado, pero quiero cuestionar la creencia, muy extendida, de que lo que no se puede medir no se puede mejorar.

Nadie puede medir de manera estándar y objetiva la equidad, la justicia, el respeto, la coherencia, la transparencia, la empatía, la implicación o el compromiso.

Estos valores, todos somos conscientes de que son esenciales en una organización, y se tienen o no se tienen. De acuerdo, se tendrán en mayor o menor grado, pero medirlos con una escala única y válida para todos... difícilmente lo haremos.

Entonces, para mejorar, ¿nos tenemos que basar en una cantidad o en la calidad? Esta respuesta definirá también el contexto.

....

Lo que no se visibiliza se silencia, y por lo tanto deja de existir oficialmente.

....

6. El tiempo

Aquí entran mis queridos «corto», «medio» y «largo plazo», que no dejan de ser marcos temporales que permiten ordenar objetivos, decisiones y acciones según su impacto y urgencia, por ejemplo a 1, 3, 5 y 10 años.

Pero el universo es caótico, turbulento y dinámico. Se define más por relaciones no lineales que por lineales, por lo que las medidas que tomemos ahora tendrán efectos inmediatos y otros se revelarán en los próximos años, y no siempre de la manera que imaginamos. Así que no puedo dejar de preguntarme hasta qué punto tienen sentido los horizontes temporales hoy en día.

Otro punto de reflexión importante a la hora de analizar, y por lo tanto conocer, un contexto es qué sentido tiene el tiempo. ¿Es un aspecto importante y que se pone en valor? ¿Quién o cómo se define el ritmo? ¿Cómo se usa? ¿Cómo se interrelacionan el pasado, el presente y el futuro? ¿Qué partes del pasado se sienten como más cercanas e íntimamente relacionadas con el presente y cuáles como extrañas y remotas? ¿Cómo se percibe e imagina el futuro?

PODER

El poder nos incomoda y es agradable a partes iguales, nos provoca rechazo, pero también atracción, no tenemos ningún interés en él o estamos sedientos de él.

Es un tema controvertido que puede dar lugar a acaloradas conversaciones, pero también a interesantísimas reflexiones que nos pueden ayudar a avanzar y actuar en coherencia con nuestros valores y propósito.

....

Asumiendo el ejercicio del poder es como podremos transformar a las organizaciones, hacer que consigan y se cumplan los objetivos y que, como profesionales, mientras avanzamos en nuestra carrera podamos asumir más responsabilidades y tener un impacto positivo.

....

En el Programa de Consejos de Administración de Empresas Familiares de Esade tuvimos una sesión de un día entero dedicada al poder y a la influencia, conducida por José Mª de Areilza. Fue una sesión magistral de la que incorporé en mi haber grandes enseñanzas. En este capítulo voy a compartir parte de ellas.

La serie *Los invencibles*, inspirada en hechos reales, explica la profunda crisis financiera que sufrió Finlandia a principios de los años 90. En el primer capítulo, el CEO del banco central de ahorros del país le dice a la protagonista: «La gente quiere una de estas tres cosas: dinero, fama o poder». Podríamos a entrar a debatir o dialogar si esto es así o no, pero esta no es la cuestión. La cuestión es que para obtener dinero, fama o poder no puedes esperar a que te vengan. El dinero, la fama y el poder van a quienes deciden tomarlos y gestionarlos. Tomy Shelby lo dijo muy claro en *Peaky Blinders*: «Uno no tiene lo que merece; uno tiene lo que coge». Con lo cual se trata una decisión personal.

Y aquí entramos en el siguiente punto: ¿qué relación tienes tú con él? ¿Te sientes cómodo con el poder? Antes de que pases a responder, pongámonos en contexto y profundicemos un poco más.

Estamos ante la tesitura de que queremos resolver situaciones complejas en las que los sistemas involucrados (organización, mercado, proveedores, clientes...) hacen de las suyas en un contexto siempre dinámico, en el que las reglas de juego no siempre son claras, con más interrogantes que respuestas y certezas que pueden dejar de serlo en el momento menos pensado.

Para resolver estas situaciones complejas necesitamos poder incidir en esos sistemas de modo clave para conseguir el objetivo propuesto. Con lo cual podríamos definir el poder desde tres miradas:

- Crear el contexto para que las cosas pasen. Es decir, mirar el poder como una caja de herramientas.
- Tener la habilidad de movilizar la energía de las personas cuyo comportamiento queremos cambiar[4].
- Tener la valentía de desafiar el *statu quo*.

Fijaos que en las tres miradas el poder es un verbo, no un sustantivo. El poder como sustantivo es algo que te dan o te quitan. Pero si no lo ejerces es como si no lo tuvieras. Por este motivo se trata de una decisión personal; tú tienes que decidir si lo aceptas o no y cómo lo vas a ejercer. Aquí el poder ya pasa a ser un verbo, requiere de acción.

---

4   La segunda mirada nos recuerda mucho a Maquiavelo. Recomiendo leer su biografía, escrita por Maurizio Viroli, para ponerlo en contexto y no simplificar tanto como se suele hacer.

El poder tiene estructura

Alberto Gimeno, profesor en el departamento de Dirección General y Estrategia de Esade, cuando trata la sucesión en empresas familiares explica muy bien la estructura del poder en las organizaciones.

En las organizaciones la estructura de poder es una mezcla entre:

- Autoridad: qué posición ocupas en la organización, la familia, la propiedad y la gestión de la misma.
- Conocimiento: ya sea académico (el que encuentras en los libros) o el adquirido vía experiencia propia y la interacción con otros.
- Liderazgo: ¿Te siguen? ¿Acuden a ti para solucionar problemas? (liderazgo efectivo). ¿Tienes la capacidad de construir acuerdos y consensos? (liderazgo social). ¿Tienes una visión futura que atrae? (liderazgo visionario).

En la resolución de situaciones complejas es necesario conocer esta estructura, que no siempre es evidente, y actuar reconociéndola si no queremos que el sistema nos expulse.

El mapa de poder es importantísimo tenerlo claro. Debemos tener identificado quién tiene autoridad y quién lidera. No siempre se trata de la misma persona.

Las tres fuentes de poder

Todos tenemos un área de influencia. No obstante tenemos que ser conscientes que esta variará en función de:

- Nuestro capital personal: está directamente aso-ciado a nuestra persona: nuestra reputación, las fortalezas que nos caracterizan, nuestra agenda, nuestros conocimientos y nuestra imagen.
- Nuestro capital social: que nos viene dado por nues-tro origen (de qué posición partimos: familia, es-trato social), la organización en la que estamos y el entorno en el que actualmente nos movemos.
- Nuestro capital político: que es la suma de los dos anteriores más las relaciones informales que tene-mos, construimos y hemos ido consolidando a lo largo del tiempo.

Es importante ser muy conscientes tanto de nuestra área de influencia como la de las personas con las que vamos a tener que interaccionar.

Cómo se ejerce el poder

¿Es evidente quién ejerce el poder? ¿Y cómo lo ejerce: impo-niendo, atrayendo o empujando? ¿Se utiliza un único estilo o una mezcla de ellos? ¿Cuándo se utiliza uno u otro?

Estas preguntas no siempre tienen respuestas rápidas ni evidentes. Al inicio de mi carrera profesional, una compa-ñera me dijo: se necesitan entre uno y un año y medio para conocer las reglas no escritas. Yo era bastante inocente y el consejo me sorprendió. Con el paso del tiempo solo pude que darle toda la razón. De hecho, desde que me lo dijo me puse a observar y ver qué estaba realmente permitido y qué no.

....

En estas reglas no escritas es donde se encuentran las respuestas.

....

Pongo un ejemplo de reglas no escritas. En una empresa en verano había un horario intensivo de 8 a 15:00 h. Se hacía el comunicado pertinente desde RR. HH. de qué día empezaba y en cuál finalizaba. No obstante, era por todo el mundo conocido que si se hacía el horario de 8 a 15:00 h habría repercusiones, así que se continuaba haciendo el horario habitual como si tal cosa.

Para saber cómo se ejerce el poder hay que observar al menos los siguientes puntos:

- A quién y cómo se le dan los recursos. Cómo y cuándo hay que pedirlos.
- Qué se recompensa y cómo se recompensa.
- La gestión de las excepciones y qué consecuencias tiene el que se haga una excepción.
- Cómo se gestiona la información clave: ¿todo por correo? ¿A quién se pone en copia? y ¿qué información no queda por escrito? ¿Cómo se transmite información clave dentro de la organización? ¿Qué canales son los oficiales? ¿Y los no oficiales pero creíbles?
- A quién se involucra en la toma de decisiones.
- Cómo se debe proponer algún cambio o mejora.
- Qué implicaciones tiene el cuestionar una decisión.
- Qué implicaciones tiene el no seguir los rituales establecidos.
- Por qué, cómo y cuándo se despide.

Podríamos continuar la lista, pero con estos podemos tener una buena idea para empezar a jugar la partida.

Elementos de poder no son evidentes que marcan las reglas del juego

El poder, cuando se ejerce, cuestiona el *statu quo* del contexto. Hay elementos de este *statu quo* que son evidentes y otros que no lo son en absoluto y que sin embargo son determinantes, como pueden ser el tiempo y el silencio.

1. El tiempo

Aquí no estamos hablando de gestión del tiempo sino de cómo lo vivimos.

Como organización, ¿nos focalizamos en el futuro? ¿Queremos proteger nuestro presente o intentamos recuperar el pasado? ¿Cómo miramos el futuro, el presente y el pasado: con ilusión, resignación o miedo?

Estas actitudes son reflejo de nuestros valores y una manera de pensar y enfocar la vida. ¿Qué estamos protegiendo? ¿Qué creencias profundas hay detrás?

Cuando, como ejecutivos, proponemos mejoras que nos parecen obvias y nos encontramos con un no rotundo y un cierre en banda con el que ni siquiera nos encontramos con la posibilidad de argumentar.... todo indica que estamos tocando, sin ser conscientes de ello, estas creencias profundas asociadas a cómo se vive el tiempo.

¿Como propietarios y empresarios somos conscientes de cómo se vive el tiempo en la organización? Vale la pena parar a pensarlo, dejarlo sentir y reflexionar. Nuestro sentir del tiempo, ¿qué implicaciones va a tener a nivel de herencia y legado? ¿Va a ayudar a la supervivencia de la organización o será uno de los elementos clave para su fin?

2. El silencio. El silencio no es una obviedad

Qué es lo que puede haber detrás de un silencio:

- Cosas que se dan por hecho y se considera que ya no hace falta ni hablarlas.
- Cosas de las cuales no se es consciente.
- Cosas que se quieren invisibilizar.

Es sobre todo en este último punto cuando el silencio se convierte en una herramienta de poder.

Como comentábamos en el capítulo de «El contexto», lo que mantiene unidos a los elementos de un sistema son las interrelaciones, y en las organizaciones el flujo de información es uno de las más importantes.

Cuando se silencia la información, el flujo se corta, por lo que esa interrelación deja de existir.

¿Con qué propósito se corta el flujo de información? ¿Por qué? ¿Qué intereses se están defendiendo? Estos silencios, ¿qué decisiones y oportunidades bloquean? ¿Cómo afectan al clima de la organización y al talento?

....

El silencio puede ser una herramienta de poder tremendamente efectiva, pues crea espacios estratégicos de inacción.

....

Visibilizar lo silenciado, como pueden ser los códigos no explícitos, las redes y las áreas de influencia informales y los silencios colectivos es una forma de conseguir transformaciones reales, al cuestionar de manera directa el *statu quo*, aunque muchas veces suponga abrir la caja de pandora.

CAMBIO

En las situaciones complejas nos las tenemos que ver con sistemas no lineales, y por lo tanto no podemos predecir con seguridad su comportamiento.

> **Así que el cambio sí o sí va a estar en nuestro terreno de juego, ya sea porque lo queremos provocar nosotros o porque nos viene dado.**

Se ha escrito muchísimo sobre el cambio y su gestión desde distintas miradas y perspectivas, y hay grandísimos autores que nos han aportado mucho y nos han ayudado sobremanera a gestionar situaciones comprometidas. No obstante, sí quiero compartir aspectos y buenas preguntas sobre la gestión del cambio que me han ayudado mucho a la hora de acompañar a propietarios y directivos a conseguir objetivos ambiciosos y resolver situaciones complejas. Me han propiciado el poder definir el marco de acción y tener presentes puntos muy clave:

- Los cambios solo los pueden llevar a cabo las personas. Son las personas las que se dejan la piel para que las cosas ocurran.
- Los cambios llevan asociados conflictos de intereses, visiones e identidad. Estos tres puntos son los principales protagonistas de la resistencia al cambio. Puede ser uno solo o una combinación de los mismos.
- En el cambio hay oportunidades, sí; no obstante, también hay vencedores y perdedores.
- Si el propósito es claro y es realmente el eje central de la organización, todos tenemos un punto en

común, que es el de construir y avanzar. Como empresarios y directivos hay que estar abiertos a las diferentes visiones e interpretaciones que hay del propósito dentro de la organización. Nos ayudará mucho a que la misma sea más resiliente, comprometida y a encontrar soluciones, muy probablemente no evidentes.

- Cuando queremos provocar un cambio tenemos que tener muy claro qué es lo que queremos que siga igual.
- Cuando nos viene dado un cambio siempre aparece el miedo a lo que podemos perder, y es donde pondremos el foco. En esta situación primero seremos individualistas y después pensaremos en el grupo.
- Si siempre estamos cambiando no cambiaremos nada.
- El cambio no se termina de efectuar hasta que no esté estabilizado y pase a formar parte del día a día.
- ¿Cuántos cambios puede asimilar una organización?
- Todo cambio lleva a hacer cosas nuevas o de manera diferente. Por mucho que presionemos y expliquemos el porqué del cambio, si las personas no saben hacer lo que se les pide no lo harán. Hay que dar un espacio al aprendizaje para que la implementación del cambio sea efectiva.
- Las organizaciones necesitan estabilidad emocional.

INCERTIDUMBRE, AMBIGÜEDAD Y DILEMAS

«A toro pasado, todas las lidias son buenas».

(Refrán popular)

La triada que nos dificulta la toma de decisiones está formada por tres elementos: incertidumbre, ambigüedad y dilemas.

La incertidumbre hace referencia a la falta de información clave, la ambigüedad a la falta de claridad en la información y los dilemas a la contraposición entre valores fundamentales para nosotros. Todos ellos nos hacen dudar y nos inquietan e impiden pasar a la acción de manera rápida, y sobre todo segura.

Aunque se habla mucho de la incertidumbre, he visto a más empresarios y directivos bloqueados por un dilema que por la incertidumbre. Ante una situación de incertidumbre podemos tirar de histórico y *expertise*.

En la ambigüedad podemos observar, escuchar más, y encontrar ese matiz que nos acaba haciendo decantarnos por una de las opciones. Muchas veces sentimos como que tiramos una moneda al aire y confiamos en haber tomado la mejor decisión.

**Hasta que no escogemos un camino,
la claridad no se revela.**

Y los dilemas... qué difíciles son de vivir. Ya no se trata de falta de información clave o de la claridad de esta. Debemos priorizar entre valores fundamentales para nosotros. Y si escogemos cualquiera de las opciones que tenemos sabemos ya de entrada que habrá consecuencias que no nos gustarán y no nos harán sentir bien. Son las comúnmente llamadas «decisiones difíciles».

Cada caso es cada caso. No podemos ni generalizar dar recetas mágicas. Nuestra capacidad de aprender, observarnos y autoconocernos nos puede allanar el camino. Porque lo que nos dará serenidad es saber que hemos tomado la mejor decisión que podíamos adoptar en cada ocasión. El resultado no es garante de esta serenidad. Podemos obtener un muy buen resultado, pero sentirnos mal con la decisión tomada. Podemos no lograr lo que nos hemos propuesto, pero sí ser conscientes de que nuestra actuación ha sido coherente con quienes somos y dormir con la tranquilidad de haber hecho lo que debíamos y consideramos que era lo correcto.

LAS DECISIONES

Para saber gestionar situaciones complejas y conseguir los objetivos hay que tomar decisiones. Si no las tomamos nosotros, la vida lo hará. Si lo hace ella tenemos que acatarlo y no quejarnos.

Sobre las decisiones, y sobre todo la toma de decisiones, hay literatura para aburrir. Se ha escrito muchísimo sobre ello y por esta razón en este punto os comparto lo que, tanto a nivel individual como en el trabajo que desempeño cada día con empresarios y directivos, me ha sido útil para avanzar, y no solo conseguir los objetivos, sino tener el sentimiento de estar muy orgullosa de cómo se ha conseguido. Porque no solo se trata de llegar a meta, sino también de cómo hemos cruzado el arco de llegada. Tomar decisiones con seguridad, o la máxima seguridad posible, es uno de los puntos principales para la gestión de situaciones complejas.

Quienes realmente me han inspirado son Tali Sharot y Pep Marí, a quienes ya os he introducido en otros capítulos de este libro. Ambos han tratado estos temas directamente y leerlos me ha hecho reflexionar, aprender, y sobre todo avanzar.

Todos somos conscientes de que tomamos muchísimas decisiones a lo largo del día, muchas de ellas de manera automatizada y otras consciente.

....

Se trata de aprender a decidir, ya sea cuando las decisiones son automatizadas (inconscientes) o cuando se toman de manera deliberada.

....

Pep Marí lo explica muy bien en su libro *Decisiones vitales*. Él clasifica las decisiones en función de la importancia que tienen en nuestra vida:
- Decisiones intrascendentes
- Decisiones importantes
- Decisiones vitales

Lo cito literalmente: «Las decisiones intrascendentes nos mantienen a flote; las decisiones importantes marcan nuestro rumbo y las vitales nuestro destino». Es una clasificación muy pragmática y que nos sirve tanto en el ámbito personal como profesional.

El riesgo que tomamos con cada tipo de decisión es diferente. En las decisiones intrascendentes, el riesgo es casi inexistente, y por lo tanto ni nos las pensamos; con las decisiones importantes, y mucho más en las vitales, el riesgo ya toma relevancia, por lo que la reflexión, el sentir y la intuición juegan un papel principal.

Y en este punto es cuando entra a escena Tali Sharot. Los principales puntos de sus investigaciones son:
- La mayoría somos irracionalmente optimistas y creemos que el futuro será mejor porque integramos mucho mejor la información positiva que la

negativa. Sobrestimar la probabilidad de que nos pasen cosas buenas aumenta nuestra motivación, resiliencia y nuestra disposición a actuar.

- No cambiamos de opinión solo con datos y argumentos. Para cambiar necesitamos:
  - Sentirnos seguros.
  - Tener activas las emociones positivas.
  - Tener sensación de control y autonomía.
  - Ver que estamos ante una oportunidad y no una amenaza.
  - Los beneficios que vamos a obtener son claros e inmediatos.

- Nuestro cerebro funciona principalmente en piloto automático y no vemos muchas de las cosas que tenemos delante. Si prestamos atención de manera consciente es cuando detectaremos:
  - Riesgos que ignorábamos.
  - Ideas que no se nos habían ocurrido.
  - Recursos disponibles.
  - Oportunidades de las que ni nos habíamos percatado.

- La información negativa se integra peor. Nuestro cerebro rechaza la información:
  - Que contradice nuestras creencias.
  - Nos hace sentir vulnerables y sin control.

- La memoria no es un sistema de archivo sino un sistema adaptado para tomar decisiones futuras. Recordamos mejor:
  - Lo que tiene carga emocional.
  - Lo que no esperábamos.

- Lo que se relaciona con nuestros deseos y temores.

Tener presentes estos puntos nos permitirá aprender a decidir más conscientemente, y por lo tanto con más seguridad.

Cuando estoy con empresarios y directivos trabajamos principalmente la incertidumbre, la ambigüedad y los dilemas. Lo que hacemos es tomar conciencia del criterio propio (que está basado en nuestros valores) para poder adoptar una decisión cuando falta información, cuando no es clara o se confrontan valores importantes para uno. Los valores nos dicen cuáles son las decisiones buenas, las no tan buenas y las malas para nosotros. Si tomas una decisión y has entrado en contradicción o incoherencia con tus valores te sentirás incómodo e insatisfecho, y caerás en el reproche y la duda.

En las decisiones relevantes y vitales una de las cosas más importantes es poder sostenerlas, y para ello tienen que estar alineadas con los valores propios.

Nuestra capacidad de decisión

Nuestra capacidad de decisión puede pasar de total y absoluta a ser totalmente nula. No siempre podremos decidir libremente entre varias opciones y alternativas. El contexto manda. El contexto en que nos encontremos y nuestra posición dentro del mismo marca las reglas de juego. Habrá ocasiones, y aquí cito a Viktor Frankl, en que lo único que podremos decidir será nuestra actitud ante lo que ocurre. Si en situaciones como esta decidimos alzar la voz, las probabilidades de que el sistema nos expulse, arrincone o castigue son elevadísimas.

Decidir a tiempo

Este es otro aspecto a tener en cuenta, y que también vendrá determinado por el contexto. Así como en las expediciones a la cima de las grandes montañas hay que aprovechar la ventana de buen tiempo, con las decisiones pasa lo mismo: hay que tomarlas cuando toca. Habrá decisiones que se podrán dilatar en el tiempo y otras que habrá que adoptar casi en el momento y con poco tiempo, con lo cual la manera en que tomamos las decisiones variará en función de la ventana de tiempo que tengamos.

Como hemos visto en los puntos clave del trabajo de Tali Sharot, a la hora de tomar decisiones entran en juego tanto los datos y las emociones como la visión. Cómo combinemos estas tres miradas dependerá mucho de la ventana de tiempo que tengamos. Cuando la decisión deba ser rápida tendremos que tirar de intuición, *expertise* y la información que tengamos en ese momento. Cuando dispongamos de tiempo podremos analizar desde diferentes perspectivas, buscar la información que nos falte y dejarla reposar.

Y aquí radica la importancia de aprender a decidir.

....

Para gestionar situaciones complejas debemos tener la habilidad de sentirnos seguros decidiendo con rapidez y presión, y cuando la decisión no sea inmediata aprovechar bien el tiempo que tenemos para que finalmente sea la más adecuada.

....

Hay momentos en que tocará decidir desde la intuición y el *expertise* porque no tendremos tiempo de hacer un análisis completo y desde perspectivas diferentes, y otras en que sí tendremos tiempo. Como profesionales tenemos que poder manejarnos bien en ambos extremos, porque ambos se dan de manera habitual.

Es importante y muy recomendable no solo aprender a decidir con seguridad, sino también hacerlo en situaciones y contextos diversos en los que no siempre nos sentimos cómodos del todo. Esto requiere de esfuerzo, escucha (que, como indica Pep Marí, es estar dispuesto a cambiar de opinión), mucha observación, y sobre todo resiliencia. El esfuerzo vale la pena. Nos aportará grandes resultados.

Los límites

Cada vez más se habla de los límites. Poner o explicitar un límite suele ser una decisión importante, y a veces hasta vital, por lo que requiere ser meditada y reflexionada. De hecho estamos cuestionando el *statu quo* ya establecido o que se está estableciendo. Levantamos la mano y de manera manifiesta decimos que nanay. En función del contexto se requerirá de más o menos coraje y será necesario buscar la forma más efectiva de hacerlo.

Muchos de nosotros nos sentimos incómodos cuando se nombra la palabra límite. La asociamos a una situación hostil o de conflicto, y aunque sepamos sostener este tipo de situaciones habitualmente intentamos evitarlas si no son necesarias.

De entrada hablamos siempre de «poner» límites. Personalmente prefiero usar el verbo «explicitar» o «concretar» un límite. No es tan categórico y ayuda a rebajar la tensión que lleva aparejada la palabra límite en sí, y esto facilita su gestión.

También tenemos asociado el que el límite implica un cambio de comportamiento de otra persona o grupo. Enfocado así tenemos las de perder. Si el otro o los otros nos están haciendo un pulso y no quieren cambiar de comportamiento, nuestra sensación de frustración será elevadísima. Yo propongo –lo practico y da resultado– reformularlo y poner el foco en nosotros. Es decir: «Ante esta situación o hecho, mi respuesta va a ser X». Lo que el otro haga será decisión suya. Formulado así, si no cumplimos con lo dicho será solo responsabilidad nuestra.

En función del contexto deberemos ver cuál es la mejor manera de explicitar ese límite: anunciándolo mediante la palabra o a través de la acción. El contexto mandará; dependerá de cada situación, de cuál sea nuestra posición dentro de la organización, nuestra área de influencia y la cultura de la organización. Cada caso y momento son únicos.

LA COMUNICACIÓN

La comunicación es una herramienta estratégica, y como tal la tenemos que tratar.

Cuando analizábamos las interrelaciones en los sistemas vimos que el flujo de información era uno de los elementos más importantes en las organizaciones. Mediante la información damos visibilidad a temas clave, disminuimos la incertidumbre, aclaramos la ambigüedad y eso nos ayuda enormemente a reflexionar para poder decidir qué opción es la mejor para nosotros ante un dilema.

La comunicación es la gran invitada de honor en la gestión de las situaciones complejas.

Las formas de comunicación son:

- El monólogo: comunicación unidireccional en la que la persona que habla no tiene interacción real con el resto. Por ejemplo, una conferencia.

- El debate: comunicación confrontativa entre 2 o más personas con el objetivo de convencer o defender una postura determinada. Por ejemplo, un debate político.

- El diálogo: comunicación colaborativa con la que las personas que participan quieren explorar, captar, comprender, construir y generar significado común. Por ejemplo, una conversación profunda entre colegas para tomar una decisión compleja.

....

Las tres formas de comunicar son útiles y válidas dependiendo del momento y objetivo establecidos. En situaciones de complejidad, las tres son plenamente útiles, porque en la resolución de este tipo de situaciones estas tres formas de comunicar no son excluyentes.

....

Sí voy a hacer un poco más de hincapié en el diálogo, porque, aunque todos tengamos el convencimiento de que sabemos dialogar, tan fácil no es. Fui consciente de ello cuando Sira Abengoa, profesora de Esade y fundadora del *Institute for Socratic Dialogue*[5], nos puso el reto delante y nos acompañó a tener un diálogo real. Estábamos en un aula, en una

---

5   https://www.institutesocratic.com

zona de confort en la que poco nos jugábamos y comprobamos lo fácil que era pasar al debate.

Para ser capaz de dialogar hay cinco principios:

1. Ser consciente de que no tienes toda la verdad.
2. Ser consciente de que todos tenemos un valor que aportar.
3. Ser consciente de lo importante que es preguntar (para comprender, explorar, captar, etc.).
4. Ser consciente de que merece la pena escuchar.
5. Ser consciente de que juntos pensaremos mejor.

El punto 4 es para mí especialmente relevante, porque desde una actitud de escucha podremos detectar, y entonces poner encima de la mesa, qué es lo que se está silenciando, aquello de lo que no se habla y que la mayoría de las veces es lo que bloquea el avance.

En las situaciones complejas en las que nos hallaremos muy a menudo tendremos que comunicarnos desde la incomodidad y la presión que genera el propio contexto y nos sentiremos inseguros, queramos o no. Y aquí es donde entra en escena la empatía.

··

La empatía te permite percibir, comprender y responder a los pensamientos y emociones de los otros.

··

- Empatía cognitiva: capacidad de entender la perspectiva del otro.
- Empatía emocional: capacidad de sentir lo que otro siente.
- Preocupación empática: capacidad de sentir lo que necesita el otro de nosotros.

....

Con una empatía bien trabajada podremos ver y ser conscientes de lo que tiene sentido para la otra persona o para el equipo. Recordemos que la gente solo actúa si lo que tiene que hacer tiene sentido para ella o no.

....

Y al reconocer la empatía como elemento esencial en la comunicación es el momento de tomar consciencia de que con ella no solo se encuentran los cerebros, sino que también se movilizan todos nuestros sentidos. La gran mayoría de las veces, cuando queremos trabajar la comunicación nos focalizamos en la palabra y en la comunicación tenemos que prestar atención por igual a qué decimos, qué mostramos y qué hacemos.

Cómo comunicamos

Pues como buenamente podemos. Me explico con un ejemplo. Cuando hablamos en un idioma que no es el nuestro decimos lo que sabemos, no lo que queremos decir. Nos faltan vocabulario, gramática y el conocimiento de los matices propios de convivir y pensar a diario con ese idioma nuevo para nosotros. Al comunicar pasa exactamente lo mismo. De hecho muchos somos conscientes de que queremos comunicarnos mejor y nos apuntamos a cursos, leemos libros y pedimos consejos. Cómo sentirse más seguro en la comunicación es una de las peticiones con las que más me encuentro y uno de los temas que más trabajamos.

Y ahora entro en un tema para tomar consciencia, de esos que cuando nos paramos a pensar en él lo vemos claro y es obvio, pero que en nuestro actuar en automático del día a día perdemos de vista. En el momento en que volvemos a visualizarlo y lo ponemos encima de la mesa nuestra capacidad de comunicación aumenta.

- Todos tenemos un sistema de referencia a partir del cual actuamos y nos movemos con soltura. Cada uno tenemos el nuestro y difiere en menor o mayor grado del sistema del que tenemos al lado.
- No todos tenemos las mismas habilidades, ni vivimos igual las situaciones. Hay personas que se manejan muy bien en situaciones de presión y otras se bloquean. Hay quienes saben gestionar muy bien situaciones hostiles y de conflicto, y otras que se sienten abrumadas y superadas por ellas. Hay personas que cuando vislumbran que han conseguido un objetivo están pensando en el siguiente, y quienes quieren vivir en el sosiego de la estabilidad. Hay las que se sienten muy cómodas en la visibilidad y otras en la discreción de la sombra.
- No todos damos el mismo significado a las palabras.

Y no quiero acabar este apartado sin hacer la siguiente reflexión: no todas las personas que gritan están faltando al respeto (pueden verse totalmente superadas por la situación, alterarse y no decir las cosas de la mejor manera posible) y no todas las personas que mantienen un tono de voz adecuado son respetuosas[6].

La falta de comunicación

Como estamos viendo, la comunicación es una vía de doble sentido.

---

6   Con esta reflexión por supuesto no se está justificando en ningún momento el gritar por gritar, ni para demostrar autoridad ni una supuesta superioridad.

Cuando hay falta de comunicación, ¿por qué es: por falta de voluntad, de capacidad, miedo, o una mezcla de algunas o todas ellas?

Esto es algo que siempre me pregunto y me ayuda a comprender la situación, y así ver cómo encarar la gestión de la misma.

- ¿Qué se juega la persona en esa comunicación: cuestionar y poner en riesgo legado, valores, identidad, carrera profesional, *statu quo*?
- ¿Estamos en el mismo mundo? ¿Tiene sentido para ella lo que estoy exponiendo? ¿Lo que intento decir tiene cabida en su manera de entender y vivir? (Cuando la respuesta a esta situación es «no» suele ser muy frustrante para todas las partes).
- ¿Sabe la persona que tengo delante manejarse bien en ese determinado contexto para poder comunicarse de manera óptima? (Una persona que no sabe aguantar la presión no se comunicará en esas circunstancias; estará bloqueada).
- No tiene ningún interés en que haya comunicación.

....

No siempre hay la posibilidad de comunicarnos de manera efectiva y eficaz. La falta de comunicación es una variable a incorporar a la ecuación.

....

Las conversaciones

Conversar es intercambiar ideas, opiniones o información entre dos o más personas de manera recíproca y generalmente oral.

Parece que todo son ventajas ¿no? Aquí seguro que os ha venido a la mente esa frase que todos hemos escuchado y en algún momento hemos dicho: «Hablando se entiende la gente». No obstante, esta frase tiene coletilla, y es que hablando también se desentiende la gente. Todo depende del tema o de las implicaciones que pueda tener la conversación.

....

Hay conversaciones muy enriquecedoras que te ayudan a avanzar lo indecible o te descubren nuevos horizontes, pero también conversaciones difíciles y otras que requieren de valentía y coraje.

....

En las conversaciones difíciles, lo complicado, más que la temática, es la persona o las personas con las que tenemos que hablar. Puede ser porque nuestros mundos son muy diferentes, nos ponen nervioso o la química con ellas es inexistente y se hace muy complicado establecer un espacio común desde donde construir.

Las conversaciones que requieren de valentía y coraje son aquellas en las que nos jugamos mucho, cuyas implicaciones tanto a nivel profesional como personal pueden ser muy grandes. A veces estas conversaciones son un punto de difícil retorno. Y si además las tenemos que llevar a cabo con personas con las que no tenemos una comunicación fluida... la cosa adquiere otra dimensión.

Tanto las conversaciones difíciles como las que requieren de valentía y coraje no se improvisan. Hay no solo que prepararlas, sino tener de antemano el espacio creado para poderlas tener. Y ahora me dirás: «Vale, de acuerdo, y ¿esto cómo se hace?». Pues teniendo en la mente los cinco puntos de lo que significa dialogar, porque si vamos con ánimo de debatir poco construiremos. Ganar puede ser que ganemos la conversación, pero con un *mindset* de confrontación con el que más me vale salir victorioso siempre habrá un perdedor (que podemos ser nosotros mismos), y con estas reglas de juego entraremos de nuevo en batalla más pronto que tarde.

Y esto me da pie a hablar de esas conversaciones que no se tienen y que sin embargo uno es consciente de que se deberían tener. Aquí recomiendo salir de la postura de la queja y dejar de preguntarse por qué no hay manera de tener esa conversación que tan necesaria es, o por qué la otra persona se cierra en banda, y pasar a reflexionar qué es lo que para el otro representa esa conversación.

Me viene a la mente un ejemplo: empresa familiar de 2 hermanos en momento de sucesión en la que el padre había fallecido. Los dos hermanos con personalidades completamente diferentes, uno emprendedor y orientado a la acción, el otro a quien no le gustaban en absoluto los cambios y antes de tomar una decisión lo tenía que pensar mucho. Había buena comunicación entre ellos, no se evitaban y las formas eran muy correctas. El hermano de acción veía clarísimo que había que vender una propiedad y venga argumentos: ¿No ves que A? ¿No ves que B? Y el otro totalmente bloqueado solo decía que sí, que no, que bueno, que más adelante, que no lo veía claro, y venga a dar vueltas con las implicaciones que todo ello conllevaba. La empresa mientras en *stand by*, porque en función de esto se tomaría una dirección u otra. Mi propuesta fue que quedaran un día para comer como hermanos, como hacían antes de que el padre falleciera, sin tocar el tema, que pusieran foco en su relación y no en la decisión. La situación se desbloqueó porque se recuperó el espacio de familia que tanto se necesitaba reconocer y se consiguió poner en valor en ese momento.

La comunicación en situaciones complejas

Al empezar este capítulo hemos dicho que la comunicación es una herramienta estratégica, y como empresarios o directivos la tenemos que usar como tal, y más cuando nos encontramos inmersos en una situación compleja.

Es este tipo de situaciones, el equipo tiene que pensar no solo de manera racional, sino también intuitiva e instintiva que el líder y su equipo entienden lo que está pasando, saben lo que están haciendo, tienen un plan y se preocupan de solucionarlo.

Con lo cual es importantísimo:

- Dar a las personas los hechos y mantenerlas informadas.
- Ayudar a entender la crisis y así generar confianza.
- Explicar qué se está haciendo con respecto a los desafíos clave.
- Especificar de qué recursos se dispone.
- Contar cuál es el rol y el trabajo de cada uno en cada momento para sortear esa situación crítica.
- Cultivar una rutina, porque la misma ayuda mucho a diluir la ansiedad y el miedo en situaciones complejas.
- Y sobre todo hacerles tomar consciencia de que ellos son parte de la solución.

Y todos debemos tener espacio donde poder expresar nuestras propias dudas y ansiedades. Expresarlas en equipo supondrá una distracción y una desestabilización. La gente no sigue a un líder ni quiere tener como compañero a alguien que se deja llevar por la duda y el miedo.

CÓMO MANTENER LA ACCIÓN

«Los actos siempre tienen la última palabra».

Digas lo que digas, eres lo que haces. Esta frase, con esta contundencia, es una realidad indiscutible.

....

Si queremos movernos, ya sea para salir de donde estamos, o avanzar hacia nuestros objetivos, nos tenemos que poner en acción, y no de manera puntual, sino de modo sostenido en el tiempo.

....

Empezar o mantener la acción no siempre es fácil, y por este motivo le dedico un capítulo. Es uno de los principales retos con los que muchos nos encontramos: ¿cómo ser lo suficientemente persistentes y constantes para conseguir lo que nos hemos propuesto y no abandonar antes de tiempo?

En la escuela nos enseñaron a buscar el 10, hacer las cosas aspirando a la excelencia y la perfección, algo que en algunos momentos nos puede ser de gran ayuda y otros en nos puede paralizar del todo. Muchas personas, ante esta «encrucijada», tiran de la frase: «Más vale hecho que perfecto».

Esta frase para mí es una oda a la mediocridad. He visto en demasiadas ocasiones como esa filosofía ponía fin a conversaciones y mejoras que debían tener lugar. En cambio, la frase de Sheryl Sandberg[7] «suficientemente bien es suficiente» la encuentro deliciosa y muy adecuada. Busca el punto justo de calidad que necesita la acción.

Para mantener la acción, la gran mayoría de veces la cuestión se centra en el tándem motivación-disciplina. Si a este le añadimos la convicción, como se comenta en el capítulo «Elementos cualitativos clave para el éxito de un proyecto», ya podemos tener una base muy sólida. Pero aún se nos puede quedar corto...

....

Uno de los puntos fundamentales para ponernos en acción, y mantenerla, es que lo que hagamos tenga de verdad sentido para nosotros.

....

Pocas veces se dice, muy probablemente porque se da por supuesto. No obstante es importante remarcarlo.

Quien para mí ha dado en el clavo es Tali Sharot, neurocientífica cognitiva, profesora asociada en la University College London (UCL) y también *visiting professor* en el MIT. Dirige el laboratorio *Affective Brain Lab*, equipo dedicado al estudio de cómo las emociones, la toma de decisiones y el optimismo moldean nuestro cerebro, memoria y conducta.

Ella parte de la base de que los humanos, al igual que los animales, respondemos de manera limitada al miedo. Los animales, ante algo que los asusta, pocas veces luchan; lo

---

7   La conocí a través de Eva Blanco Catalán, a quien he recurrido más de una vez para conocer su opinión y criterio en momentos de duda.

hacen solo cuando no les queda más remedio. Es más habitual que se queden bloqueados o huyan. Los humanos actuamos en la misma línea. Cuando algo nos asusta acudimos a la racionalización para eliminar esos sentimientos negativos.

La información positiva nos hace sentir mejor, y por lo tanto le dedicamos más atención y estamos más dispuestos a escucharla.

Tali Sharot nos explica que hay tres principios que guían nuestra mente y nuestro comportamiento:

- Los incentivos sociales: si hay otras personas que lo hacen, nosotros también queremos hacerlo, y hacerlo mejor (en deporte se habla de competir por ego).
- Recompensa inmediata: el futuro es lejano e incierto; qué puedo obtener aquí y ahora lo percibimos como tangible y seguro.
- Hacer seguimiento del progreso: destacar aquello en lo que estamos progresando será mucho más efectivo que centrarnos en lo que no.

Nuestro cerebro está constantemente dando forma al futuro, y además quiere tener la sensación de control. Poner foco en lo que podemos hacer, en lo que podemos ganar de modo inmediato, será mucho más efectivo que centrarnos en lo negativo, la inseguridad y el miedo.

Te animo a que cuando te pongas un objetivo o estés delante de un reto te organices y planifiques en base a estos tres principios que propone Tali Sharot. Verás que te será más fácil mantenerte en acción y superar los baches de la desmotivación y la falta de disciplina.

PREPARAR A LA ORGANIZACIÓN

«Si uno queda atrapado en una idea creyendo que es cierta pierde la oportunidad de conocer la verdad».

BUDA

....

La complejidad no es lineal y genera muchos interrogantes, pero también entraña muchas oportunidades, si estamos dispuestos a detectarlas.

....

No controlar el entorno implica navegar o surfear, y nos tocará avanzar paso a paso gestionando la información que tenemos y poner en acción nuestra capacidad de adaptación y flexibilidad para avanzar con seguridad en la dirección que nos hayamos propuesto.

Al ser la organización un sistema en sí mismo, la clave está en cómo la preparamos para que interaccione de manera óptima con otros sistemas externos (proveedores, clientes, mercados...). Es decir, cómo hacemos para que ese conjunto de sistemas funcione como un engranaje minimizando las fricciones, los frenos, y hasta los bloqueos que puedan tener lugar.

Como hemos visto, los flujos de información son muy importantes para entender bien el contexto en que nos encontramos. Y cuando preparamos a la organización para que opere en situaciones complejas, no solo debemos tener identificados los flujos de información y qué información obtenemos (no podremos saber de antemano de qué información exacta dispondremos pero sí su tipología), sino que debemos definir y tener muy claro qué vamos a hacer con ella.

Y en este punto es cuando la organización tiene que hacer gala de:

- Su *expertise.*
- Su capacidad de aprender.
- Su capacidad de incorporar el aprendizaje adquirido.

Como hemos ido comentando a lo largo del libro, las situaciones complejas se resuelven con soluciones no evidentes, por lo que si una organización se muestra muy rígida difícilmente podrá enfrentarse a desafíos complejos. Si tiene un enfoque de «siempre lo hemos hecho así» y poca capacidad de escucha, observación y aprendizaje... le pasarán por delante las oportunidades y ni se dará cuenta.

Para poder operar en entornos que no se pueden controlar y de difícil predicción debemos:

- Fomentar el aprendizaje: qué puedo aprender de las acciones hechas, qué me puede enseñar la persona que tengo al lado.
- Fomentar la escucha activa, tanto interna como externa.
- Fomentar la flexibilidad y la adaptación
- Fomentar el que los equipos aporten iniciativas, tomen decisiones y no se castigue el error si se ha hecho un buen análisis previo.
- Fomentar las relaciones interdepartamentales y el compartir diferentes perspectivas.
- Fomentar la integración de la diversidad.
- Fijarnos en que estamos hablando de manera de hacer, y por lo tanto de la cultura de organización. Como empresarios o líderes tenemos que decidir cuál queremos que sea y fomentar el que así sea; es

una de nuestras principales responsabilidades y no la podemos obviar; nos jugamos demasiado.

....

La cultura de la organización se refleja más en hechos que en retórica.

....

La cultura se desvela en:
- De qué se habla, de qué no y cómo se construyen los relatos.
- Cómo se toman decisiones y cómo se toman bajo presión.
- Qué rituales se establecen y qué legados se honran.
- Qué hacen las personas que pertenecen a ella, sobre todo cuando no las ven.
- Qué actitudes se fomentan, qué actitudes se toleran y cuáles se castigan.
- Qué recompensas y cómo lo haces.
- Qué es normal y qué no.
- A quién se contrata y cómo se hace.
- Por qué motivos se despide a las personas y cómo se produce esta desvinculación en función del motivo (no todos los despidos son ejecutados igual).
- Cómo se habla de las personas que se han desvinculado de la organización: ¿bien, mal o dejan de existir?

Podríamos hacer la lista más larga. No obstante, con estos puntos podemos tener una idea bastante clara que nos ayudará a tomar consciencia de la cultura que impera en la organización y a partir de ahí hacerla evolucionar o transformarla.

IV. Otros elementos relevantes

TEMOR AL CAMBIO

Todos tenemos bien interiorizado el hecho de que el cambio forma parte de nuestras vidas. De hecho se dice que el cambio es lo único constante en ella. Nuestro cuerpo y nuestra mente, a través de los sentidos, captan muchos *inputs* e información. Tenemos una gran capacidad, no solo de análisis, sino también de estructurar información que nos permite encontrar soluciones no siempre evidentes y así hacer grandes avances e innovaciones. ¿Y entonces por qué nos cuesta el cambio? ¿Por qué tenemos tantas reticencias respecto a él? ¿Por qué «tenemos» que gestionarlo? Nuestro cerebro está programado para acabar el día habiendo consumido el mínimo de energía corporal y mental posible, y los cambios no le gustan nada, por el consumo extra de energía que comportan. Y al cerebro, el que estemos o no alineados con nuestro propósito y objetivo le es totalmente indiferente.

Y ya centrándonos en la gestión de situaciones complejas en el entorno laboral, los cambios son una parte importante de la ecuación y tienen una implicación directa en nuestro *statu quo*. Aquí tocamos hueso, porque a nuestra faceta profesional, no solo le dedicamos muchas horas, mucho esfuerzo y energía, sino que nos proyectamos en ella. Buscamos a través suyo poder llevar a cabo nuestro propósito, con lo cual nos identificamos con ella y, por tanto, llegamos a definirnos a través de ella. Y si además tenemos una posición con proyección social, la presión y la sensación de riesgo ante ese cambio son aún mayores.

Y esta presión y sensación de riesgo son la antesala de nuestros temores al cambio. ¿Cómo se manifiestan estos temores? De las siguientes cuatro maneras:

1. **Autosuficiencia**

Muchos nos sentimos muy orgullosos de haber conseguido las cosas por nosotros mismos y el trabajar bien de manera independiente. La autosuficiencia nos ha sido muy útil para obtener muy buenos resultados. Pero tiene su cara oscura, y es que nos limita en cuanto a las interacciones con otras personas, por lo que dejamos de tener acceso a nuevas perspectivas, ideas, comentarios y estímulos que nos pueden ayudar a avanzar en la dirección que queremos. Las personas aprendemos mucho escuchando a otras.

2. **Pensar demasiado**

Para resolver situaciones complejas las habilidades analíticas son básicas. Si de manera repetitiva te encuentras diciendo: «Necesito un poco más de tiempo para pensar las cosas antes de decidirme», es que te has quedado atascado o bloqueado. Para una transformación, o para la gestión del cambio, necesitas aprender de la experiencia, no solo a nivel racional, sino también de la intuición, las emociones, lo que percibes... para así poder incorporar lo que estás experimentando, conectar contigo mismo y actuar desde la consciencia.

3. **La respuesta correcta**

Y es que nos han enseñado desde la escuela que hay respuestas correctas e incorrectas. No digo que no, pero cuando se trata de resolver situaciones complejas, este *mindset* nos limita más que abre posibilidades y alternativas. La respuesta la mayoría de las veces no es evidente, y si nos centramos en que hay respuestas correctas o incorrectas nos costará más alcanzarla.

4. **Procrastinación**

Las personas tendemos a posponer las cosas que nos ponen en situaciones o ante decisiones ambiguas, difíciles y desestructuradas, y la resolución de situaciones complejas cumple con todos y cada uno de estos requisitos.

....

Saber cómo se manifiestan nuestros temores al cambio nos puede ayudar a detectarlos y activar nuestra capacidad de análisis y estructuración de información para encontrar o definir cómo queremos que sea nuestra nueva realidad y poder movernos con soltura en el nuevo paradigma.

....

GESTIÓN EMPRESARIAL

Hay términos que se usan tanto que al final su significado se acaba diluyendo, como por ejemplo sinergia, innovación, excelencia operativa, estrategia 360, empoderamiento, liderazgo inspirador, resiliencia, *engagement*... Son palabras que tienen un significado muy potente, pero al usarlas a destajo y para todo acaban perdiendo gran parte de su significado y matices.

Hay una palabra concreta que no he incluido en la lista, porque quiero prestarle más atención y especificar bien cuál es el significado que le estoy dando al usarla en el libro, y es «gestión empresarial».

La gestión empresarial es el conjunto de procesos, decisiones y acciones que se llevan a cabo para coordinar y optimizar los recursos de una organización –humanos, financieros, tecnológicos y materiales– con el fin de alcanzar sus objetivos estratégicos y asegurar su sostenibilidad a largo plazo.

Incluye:

- La planificación: definir a dónde se quiere ir.
- La organización: estructurar roles, recursos y procesos.
- La dirección: tanto de personas como de proyectos.
- El control: medir resultados y ajustar el rumbo.

En resumen, es convertir la visión en resultados, manteniendo el equilibrio entre eficiencia, adaptabilidad y valor generado.

El siguiente paso sería entrar en qué estilo de liderazgo y dirección sería más oportuno adoptar, y aquí nos volvemos a encontrar con la respuesta reina de la resolución de las situaciones complejas: «Depende». Tendríamos que entrar en cada caso en concreto y verlo. Los estilos de dirección o liderazgo tienen impacto directo en los resultados, ya sea a corto como a largo plazo, y no siempre es fácil decidir cuál usar en cada momento. Es un «temazo» que puede dar muchísimo de sí y que daría lugar a un diálogo (que no debate) muy interesante.

NO SIEMPRE SE JUEGA LIMPIO: LA DIFAMACIÓN

Este capítulo es fruto de haber leído el libro *Difamació*, escrito por Eva Piquer, y haber observado de cerca, vivido y acompañado varios casos de difamación. Eva Piquer relata su caso personal y hace interesantísimas reflexiones que considero que no se pueden obviar.

Cojo como base su texto para exponer qué es lo que me impacta de la difamación y qué pienso que tenemos que tener presente:

«Cuando gestionamos la complejidad no nos libramos de tener que gestionar injurias (se insulta a alguien de forma pública con la intención de humillar y quitarle la dignidad) y calumnias (se acusa a alguien sabiendo de antemano que no es verdad). La difamación contiene información falsa, exagerada o manipulada con el objetivo de perjudicar a alguien. Tiene como objetivo directo humillar, ridiculizar o dañar la reputación o la dignidad personal».

Leído así es impactante, ¿verdad? Y aunque una de las cosas que más se proclaman es que se pone a la persona en el centro de la propuesta de valor y el respeto es uno de los valores que más se nombran, en las organizaciones y la sociedad en general nos encontramos con múltiples casos de difamación: *bullying* en las escuelas, *mobbing* en las organizaciones, públicas o privadas, y menosprecio y burla a personajes públicos.

Los discursos difamatorios sirven para justificar desigualdades estructurales y pueden ser una herramienta muy eficaz para tener más poder o consolidar el que ya se tiene. La difamación ayuda a reforzar jerarquías y excluir a determinados grupos y personas de la comunidad moral. Alguien a quien se difama ha dejado de ser una fuente creíble, que ha sido deslegitimizada. Es una persona a quien se escucha de una manera diferente, o simplemente se deja de escuchar. Una manera de deslegitimizar es usar un mote degradante; con él se empieza a ver a la persona como alguien sin derechos ni dignidad. Otro modo de difamar es infantilizar a la persona; de esta manera pasa a ser considerada inmadura, poco preparada y emocionalmente inestable. Es una muy buena manera de desautorizarla.

Esto que acabo de escribir, y que se ve tan claro cuando se lee, no es tan simple de gestionar, porque la difamación se ve reforzada cuando se convierte en un fenómeno colectivo. Dentro de un grupo, los individuos pierden la responsabilidad moral y se comportan como no lo harían si estuvieran solos. Si te desmarcas del sistema, este te expulsa. Prevalece el comportamiento del grupo y su superioridad moral colectiva.

Como decía al principio, la difamación forma parte de las reglas de juego; seamos víctimas o verdugos suyos.

Tenemos que ser conscientes de ello y plantearnos qué actitud queremos adoptar ante ella.

Lidera Tu Trayectoria Profesional

L idera Tu Trayectoria Profesional (LTTP[8]) fue un proyecto personal que quise llevar a cabo justo después de la pandemia. Se trata de un proyecto que responde a mi propósito y es que las personas vean y sientan que profesionalmente pueden llegar mucho más lejos de lo que imaginan.

Muchos de los que estamos leyendo estas páginas hemos oído hablar de planes de carrera profesional, en los que las reglas de juego estaban bien especificadas y los pasos a seguir bien definidos. Qué cargos debes asumir y en qué tipología de empresas en función de adónde quieras llegar. «Solo» debías seguir la hoja de ruta marcada.

Hablar de plan de carrera profesional preestablecido ya no tiene sentido hoy en día, y además este concepto presupone que todos partimos del mismo arco de salida, y no hay nada más lejos de la realidad. Las cartas que nos da la vida a cada uno de nosotros son diferentes; partimos de puntos distintos y realidades diferentes.

La idea surgió porque me daba cuenta de que cuando éramos pequeños y nos preguntaban qué queríamos ser de mayores, la gran mayoría de nosotros pensaba en lo que más le gustaba y apasionaba, y respondía con cara de ilusión. A

---

8   www.lideratutrayectoriaprofesional.com

medida que pasaban los años, el sentido común, el legado familiar o el pragmatismo iban ganando terreno, imponiéndose, y muchas veces este sueño o pasión se perdió en el mundo de los deseos no cumplidos.

> **LTTP pretende ser un espacio donde poder conectar con nuestros sueños profesionales y encontrar inspiración, herramientas y recursos para hacerlos realidad.**

Así que LTTP es útil para aquellos momentos de reflexión o cuando te encuentras ante un reto. Treinta y dos grandes profesionales, de manera generosa, han compartido vivencias, experiencias y aprendizajes que nos pueden ayudar a tener enfoques y miradas muy válidas ante los retos profesionales que queremos asumir.

Escuchar cómo otros profesionales han resuelto los desafíos con los que se han encontrado o han ido a buscar, qué aprendizajes y reflexiones han obtenido de ellos y qué harían de manera diferente nos puede ayudar muchísimo a plantearnos cómo queremos que sea nuestra trayectoria. Porque de lo que se trata es de que consigamos nuestros objetivos profesionales, aquellos que nos hacen vibrar, y sobre todo soñar.

Epílogo

¿La complejidad nos libera o nos paraliza? Esa es, quizá, la pregunta que queda en el aire cuando cierras este libro. No como un problema a resolver deprisa, sino como una pregunta de las buenas: de las que no se contestan una vez, sino muchas; de las que vuelven en momentos distintos de la vida profesional y nos obligan a mirarnos de nuevo.

Porque la complejidad tiene dos caras.

La primera es la que conocemos bien: inquieta, desgasta, desordena, nos recuerda que no controlamos tanto como nos gustaría y que rara vez disponemos de toda la información, del tiempo ideal o de la claridad perfecta para decidir. Es la complejidad que hace dudar, y la que introduce la ambigüedad, el dilema, la sensación de que cualquier paso tiene un coste.

Pero hay una segunda cara, menos cómoda pero más productiva.

La complejidad también nos libera. Nos libera de la idea de que existe una única respuesta correcta, de hojas de ruta perfectamente definidas, de las trayectorias previsibles y de la gestión entendida como una mera aplicación de «recetas». Pero, sobre todo, nos libera de una idea simplista del talento: esa que confunde el liderazgo con tener respuesta para todo o la fortaleza con la ausencia de miedo.

Este libro no propone controlar la complejidad. Propone algo más exigente pero más interesante: aprender a vivir profesionalmente sin exigir a las organizaciones una simplicidad que no tienen. Y eso, leído con atención, cambia bastante las reglas del juego.

Cambia, por ejemplo, la idea que tenemos de inteligencia. Durante mucho tiempo hemos admirado a quien responde rápido, a quien clasifica bien, a quien parece tener el marco exacto para cada situación. Pero en los entornos complejos la inteligencia no siempre consiste en llegar antes a una respuesta, sino en no precipitarse a terminar lo que todavía necesita observación. En detectar no solo las piezas, sino también las relaciones entre las piezas. En entender, como sugiere el libro una y otra vez, que no basta con comprender el uno para comprender el dos: hay que comprender también la «y» (uno y uno son dos).

Cambia también la idea de fortaleza. No es más fuerte quien nunca duda. Es más fuerte quien sabe leer su contexto, reconocer su margen de acción, distinguir entre un riesgo que conviene asumir y uno que solo alimenta el ego, y aceptar que a veces avanzar no significa acelerar y que retirarse no siempre es renunciar.

Y cambia, sobre todo, la idea de éxito.

Uno de los aciertos de este libro es no reducir el éxito al resultado. Aquí aparece otra vara de medir, más incómoda pero más verdadera: no solo qué has conseguido, sino en qué te has convertido al conseguirlo; no solo si llegaste, sino cómo llegaste; no solo el logro, sino el precio que pagaste para lograrlo. En otras palabras: la complejidad no solo pone a prueba nuestra capacidad de decidir, sino también cómo trabajamos, cómo respondemos a la presión y cómo tratamos a los demás.

Este me parece el punto en que el libro sale del *management* y entra en un terreno más profundo. Porque gestionar la complejidad no es únicamente manejar variables, personas, tiempos, poder, información o cambio. Es también decidir qué parte de ti no vas a negociar mientras te adaptas. Qué quieres conservar mientras transformas. Qué no estás dispuesto a sacrificar en nombre de la eficacia. Qué clase de profesional quieres ser cuando el contexto se pone difícil y nadie te garantiza que hacer lo correcto dé resultados inmediatos.

Tal vez por eso las páginas más valiosas de este libro no son las que prometen certeza, sino las que devuelven responsabilidad. La complejidad no se resuelve por completo por que tengamos experiencia, método o carácter. Pero puede dejar de condicionarnos tanto cuando aprendemos a movernos dentro de ella con más claridad, escuchando mejor y sin hacer dramas.

Leer este libro no debería producirte la sensación de «ya lo he entendido», sino la de: «ahora me toca mirar de otra manera». Para mirar tu organización, tu equipo, tus decisiones, tus miedos y dejar de pensar qué tendría que pasar para pensar qué vas a hacer tú con lo que está pasando.

No salimos de este libro con una fórmula. Salimos, o deberíamos salir, con un criterio más afinado para no exigirle a la realidad lo que no puede dar, y para exigirnos a nosotros una forma más consciente de intervenir en ella. Salimos sabiendo que habrá contextos que no podremos controlar, dilemas que no podremos resolver sin pérdida, cambios que no podremos liderar sin incomodar, decisiones que no podremos tomar sin miedo. Y, aun así, salimos con algo importante: la posibilidad de no quedar bloqueados.

Quizá esta sea la verdadera utilidad de un libro como este: no simplificar el mundo, sino impedir que su complejidad nos limite.

La pregunta, por tanto, ya no es solo si la complejidad nos libera o nos paraliza. La pregunta es otra: cuando la complejidad vuelva a presentarse, porque volverá, ¿qué versión de ti quieres que encuentre?

MARINA PALACIOS
Asesora de estrategia empresarial y exCEO
de Veolia - Agriculture para España y Portugal

Bibliografía

Este libro no hubiera sido posible sin la lectura de estos libros. Los libros me inspiran y me ayudan, no solo a ponerme en acción, sino en íntimo contacto con mis valores. Me han ayudado a encontrar la dirección, el ritmo y a cómo dar cada paso.

- *Decisiones vitales* – Pep Marí – Plataforma Actual.

- *Aprender de los campeones* – Pep Marí – Plataforma Actual.

- *Crea y Divaga* – Jef Bezos – Planeta.

- *Liderando sin hacer ruido con excelentes resultados* – Joseph L. Badaracco Jr. – Deusto.

- *Vayamos adelante* – Sheryl Sandberg – Conecta.

- *Para una mente libre, lecciones de un maestro japones para alcanzar un pensamiento sereno* – Duomo ediciones.

- *La sensación de lo que ocurre* – Antonio Damasio – Booket.

- *Modos de ver – John Berfer* – Editorial Gustavo Gili.

- *Difamació* – Eva Piquer – Club Editor.

- *El Elemento, descubrir tu pasiónn lo cambia todo* – Sir Ken Robinson, Lou Aronica – De Bolsillo clave.

- *Nunca comas solo* – Keith Ferrazzi, Tahl Raz – Profit Editorial.

- *Introducción al pensamiento complejo* – Edgar Morin – Herder.

- *Cambio, formación y solución de los problemas humanos* – Paul Watzlawick, John H. Weakland y Richard Fisch – Herder.

- *El arte de amargarse la vida* – Paul Watzlawick – Herder.

- *Anatomía del miedo, un tratado sobre la valentía* – Jose Antonio de Marina – Anagrama.

- *La sonrisa de Maquiavelo* – Maurizio Viroli – Tusquets Editores.

- *Lógica fluida* – Edward de Bono – Paidós.

- *El peligro de la historia única* – Chimamanda Ngozi Adiche – Literatura Random House.

- *Faraons de Silicon Valley* - Irene Cordon – Ara llibres.

- *Tome el control de su tiempo* – VVAA - Harvard Business Sochool Press – Gestión 2000.

- *La vida de los 100 años* – Lynda Gratton, Andrew Scott – Versus Libros.

- *Saber escuchar* – VVAA – Harvard Business Review Press.

- *Cómo alimentar a un dictador a través de los ojos de sus cocineros* – Witold Szablowski – Oberon.

- *Tiempo y poder* – Christopher Clark – Gaaxia Gutenberg.

- *El País Azafrán, primera travesía invernal del Great Himalaya Trail 1800 kilómetros en solitario en el techo del mundo* – Javier Campos - Desnivel.

- *Speed* – Ulei Steck – Desnivel.

- *La febre del cim* – Jon Krakauer – la butxaca.

- *Tocando el vacío* – Joe Simpson – Desnivel ediciones.

- *Los catorce de Iñaki, crónica del extraordinario intento de rescate del himalayista Ochoa de Olza en el Annapurna* – Saga Editorial.

- *Los verdaderos héroes del Himalaya, historia de los escaladores de Nepal y Pakistán* – Bernadette McDonald – Desnivel.

- *Escaladores de a libertad, la edad de oro del himalayismo polaco* - Bernadette McDonald – Desnivel.

- *La historia de Miss Hawley, la guardiana de las montañas* - Bernadette McDonald – Desnivel.

- *De què parlo quan parlo de correr* – Haruki Murakami – Empuries Narrativa.

- *Los últimos ochomiles, crónicas de un médico en los Himalaya* – Pablo Díaz Munío – Plataforma.

- *Viure per sentir-se viu* – Albert Bosch – Ediciones B.

- *Shackleton, el Indomable. El explorador que nunca llegó al Polo Sur* – Javier Chacho – Fórcola.

- *Nansen, maestro de la exploración polar. El científico que llegó a Premio Noble de la Paz* – Javier Cacho – Fórcola.

- *Corazón de Ulises* – Javier Reverte – Punto de lectura.

- *El sueño de África* – Javier Reverte – Alianza Editorial.

KOLIMA
BOOKS